Heimatatlas
Brandenburg

Vom Bild zur Karte

VOLK UND WISSEN

2 Eine Schule in Bild und Plan – Von der Ansicht zur Schrägsicht

Diese Doppelseite zeigt drei Fotos einer Grundschule, die von unterschiedlichen Stellen aufgenommen wurden.

Das Foto 1 wurde vom Schulhof aus gemacht. Es ist ein **Ansichtsbild**, das einen Eindruck von der Vorderseite des Schulgebäudes vermittelt. Es sieht aus, als ob man selbst vor der Schule stehen würde.

Das Foto 2 ist von einem Flugzeug aus aufgenommen worden. Der Fotograf hat die Schule aus 100 Metern Höhe schräg von vorn aufgenommen. Es ist ein **Schrägluftbild**.

1. Vergleiche Ansichts- und Schrägluftbild. Welches Foto verschafft ein besseres Bild vom Grundriss der Schule? Auf welchem Foto lassen sich mehr Einzelheiten des Schulgebäudes erkennen? Begründe deine Einschätzung.
2. Erkläre, warum auf dem Schrägluftbild nicht mehr die Stämme der Bäume zu sehen sind, sondern nur die Baumkronen. Welches der beiden Fotos gibt dir eine bessere Möglichkeit, die Höhe der Bäume zu schätzen?
3. Beschreibe das Umfeld der Schule. Welches Foto gibt einen besseren Überblick vom Schulgelände?

1 *Ansichtsbild*

2 *Schrägluftbild*

© Cornelsen

Von der Draufsicht zum Plan

Für das Foto 3 musste das Flugzeug in etwa 300 Metern Höhe direkt über dem Schulgebäude fliegen. So ließ sich ein **Senkrechtluftbild** des Schulgebäudes mit der angrenzenden Umgebung als Draufsicht aufnehmen.

Abbildung 4 zeigt einen **Plan** des Schulgeländes und seiner näheren Umgebung. Der Plan zeigt Häuser, Wege, Straßen, Grünanlagen und Bäume in ihrem Grundriss. Im Plan wird derselbe Ausschnitt dargestellt wie im Senkrechtluftbild. Er verwendet zur Darstellung unterschiedliche Farben, Linien und Zeichen in verschiedener Größe.

1. Erkläre, was die verschiedenfarbigen Flächen im Plan bedeuten. Lege hierzu eine Tabelle an. Welche Kartenzeichen werden außerdem verwendet? Was stellen sie dar?
2. Ermittle, was die Ziffern 1 bis 5 im Plan bezeichnen. Bei welchen Ziffern musst du zur Überprüfung deiner Antworten das Senkrechtluftbild zur Hilfe nehmen?
3. Lege einen Plan deiner Schule an. Verwende dieselben Farben wie in der Abbildung.
4. Welche Schwierigkeiten ergeben sich beim Zeichnen? Welche Hilfsmittel könnten nützlich sein?

3 *Senkrechtluftbild*

4 *Plan*

© Cornelsen   1 : 1000   0 10 20 30 40 50 m   1 cm im Plan entspricht 10 Metern in der Wirklichkeit

4 Der Maßstab und seine Veränderung

Die Senkrechtluftbilder 1 bis 3 sind aus unterschiedlichen Höhen aufgenommen worden. Je größer die Entfernung von der Erdoberfläche ist, umso größer ist der erfasste Landschaftsausschnitt, aber umso kleiner sind die Häuser, Straßen, Bäume usw. Der **Maßstab** gibt die Verkleinerung des Abgebildeten gegenüber der Wirklichkeit an. Entspricht 1 cm in der Karte 100 Metern in der Wirklichkeit, so sind die Karteninhalte 10 000-mal gegenüber der Wirklichkeit verkleinert. Der Maßstab heißt 1 : 10 000.

1. Beschreibe die Auswirkungen der unterschiedlichen Maßstäbe auf die Fotos und die Karten 1 bis 3. Betrachte zum Beispiel genau das Aussehen der Gebäude und Straßen.

Erklärung der Farben in den Karten

- Schule
- Schulhof
- Wohnhaus
- Garage
- Kirche, Kindergarten
- Park
- Gärten
- Gewerbefläche
- Ackerland
- Wiese
- Wald
- Straße

1 Senkrechtluftbild und Karte 1 : 2500

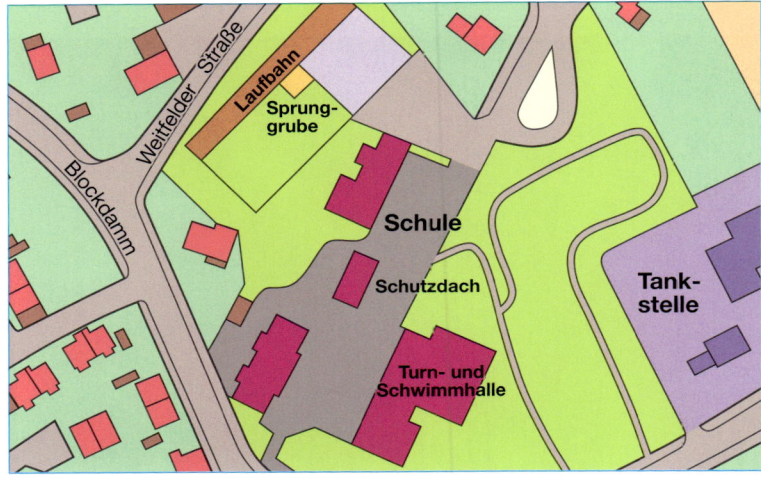

1 : 2500

1 cm in Luftbild oder Karte entspricht 25 Metern in der Wirklichkeit

2 Senkrechtluftbild und Karte 1 : 5000

1 : 5000

1 cm in Luftbild oder Karte entspricht 50 Metern in der Wirklichkeit

3 Senkrechtluftbild und Karte 1 : 10 000

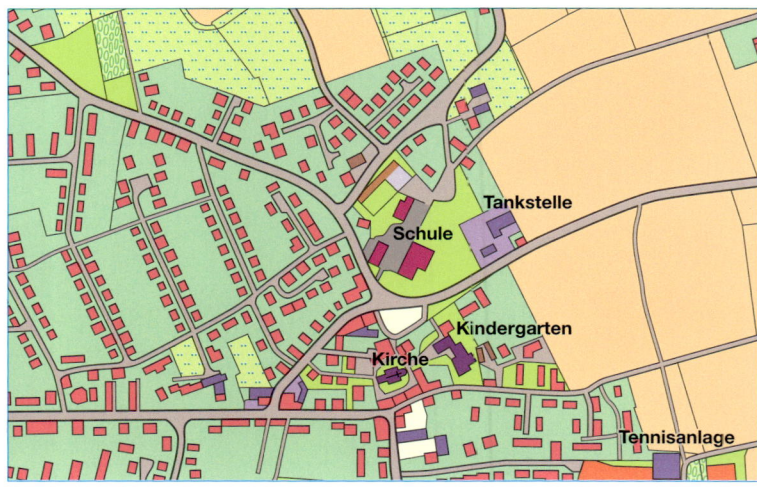

1 : 10 000

1 cm in Luftbild oder Karte entspricht 100 Metern in der Wirklichkeit

© Cornelsen

Einführung in den Stadtplan: Wittstock/Dosse

Zur Einführung in das Lesen von Karten sind in diesem Atlas verschiedene Bild- und Kartenbeispiele zu sehen. Auf dieser Seite werden Hinweise zum Verständnis eines Stadtplans gegeben. Abbildung 1 zeigt die Stadt Wittstock/Dosse im **Schrägluftbild**, Abbildung 2 im **Stadtplan**. Der Ausschnitt des Fotos ist im Stadtplan mit einer roten Linie gekennzeichnet. Ein Stadtplan zeigt den Grundriss einer Siedlung (Gebäude, Straßen und Plätze). Karteninhalte werden in der **Legende** erklärt.

1. Lege eine Tabelle an und notiere, worauf die Ziffern 1 bis 6 aufmerksam machen.
2. Beschreibe den Grundriss der Stadt Wittstock/Dosse und gib eine Erklärung für sein Aussehen.
3. Notiere öffentliche Gebäude und Einrichtungen, an denen man sich in Wittstock orientieren kann.
4. Beschreibe die Flächennutzung der Stadt außerhalb der Wallanlagen.

1 *Schrägluftbild*

2 *Stadtplan*

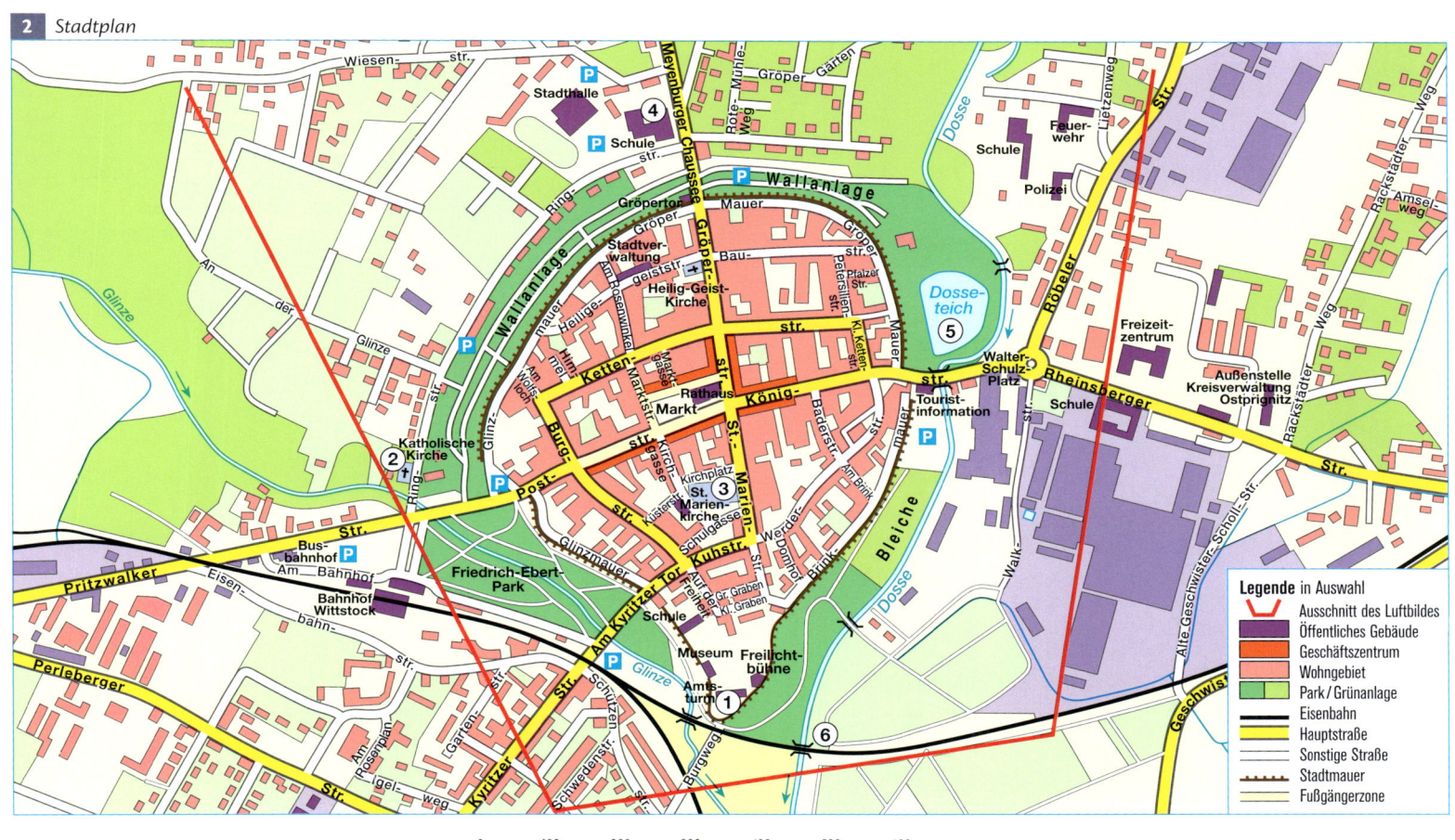

1 : 10 000 1 cm ≙ 100 m

© Cornelsen

6 Einführung in die physische Karte: Märkische Schweiz

Abbildung 1 zeigt einen Teil der Märkischen Schweiz im **Schrägluftbild**. Der Ausschnitt des Schrägluftbildes ist in die **physische Karte** (Abbildung 2) mit einer roten Linie eingetragen worden. Physische Karten dienen als Grundlage zur Orientierung. Sie zeigen die Oberflächengestalt, Gewässer, Siedlungen und Verkehrswege.

1. Beschreibe mithilfe des Fotos und der physischen Karte die Landschaft in der Märkischen Schweiz. Welche Merkmale dieser Landschaft sind in der physischen Karte abgebildet, welche nicht?
2. Miss die Größe des Luftbildausschnitts im unteren südlichen Abschnitt und im oberen nördlichen Abschnitt.

1 Schrägluftbild

2 Physische Karte

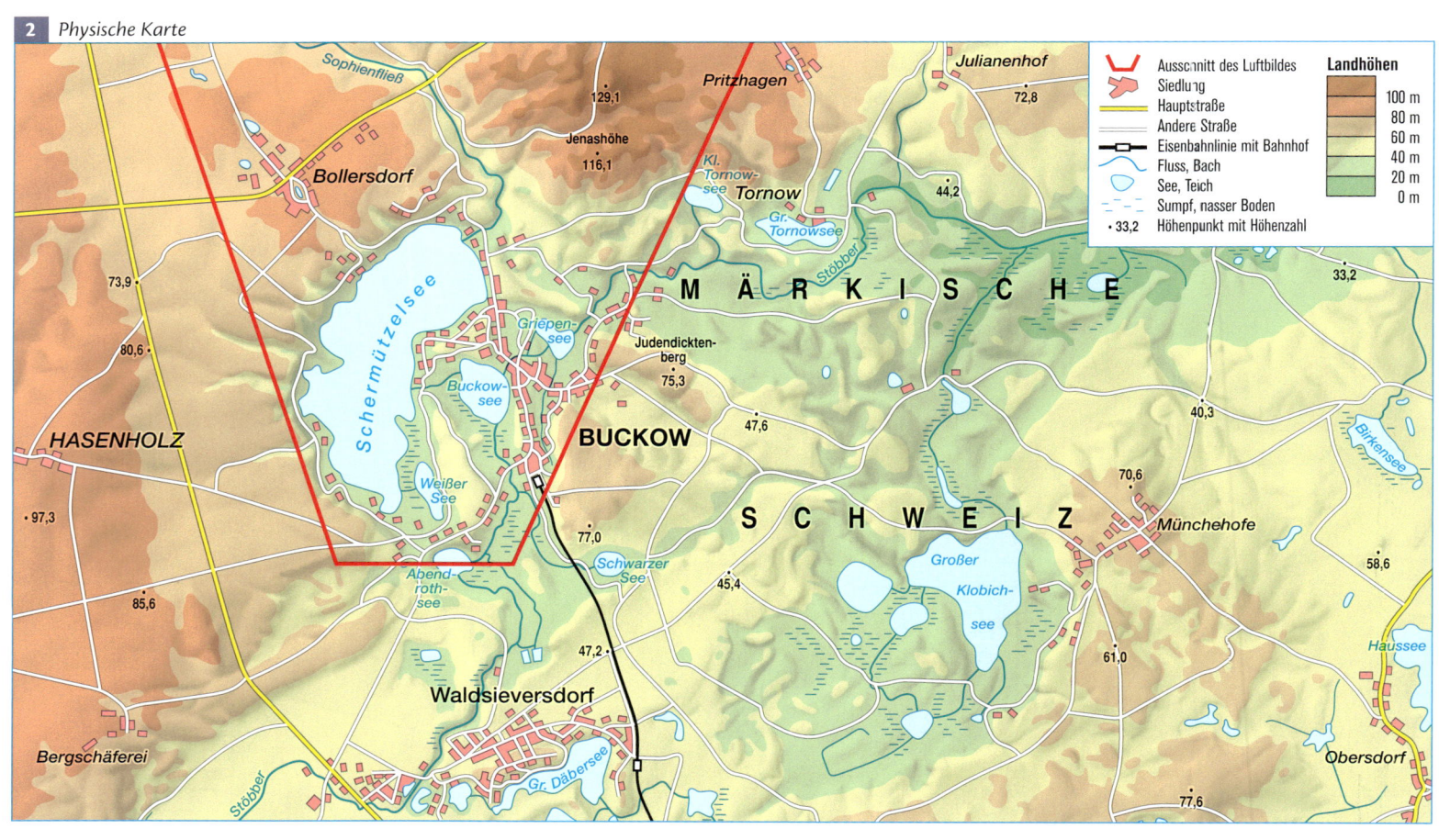

In der oben stehenden Karte (Abbildung 3) lassen sich verschiedene Farbflächen erkennen. Sie verdeutlichen **Höhenschichten** der Erdoberfläche. Als Begrenzung der Höhenschichten dienen Höhenlinien. In dieser Karte sind die **Höhenlinien** in einem Abstand von 20 Metern eingetragen. Höhenschichten gliedern die Karte in tiefer und höher gelegenes Land. Durch eine zusätzliche Schattenzeichnung, die **Schummerung**, sind in der unteren Karte (Abbildung 4) Oberflächenformen wie zum Beispiel Berge, Hügel und Täler verdeutlicht worden.

1. Finde die höchste Erhebung in der physischen Karte (Abbildung 2) und beschreibe ihre Lage.
2. Schermützelsee und Großer Däbersee befinden sich in unterschiedlichen Höhenschichten. Ermittle die Höhenlage beider Seen.

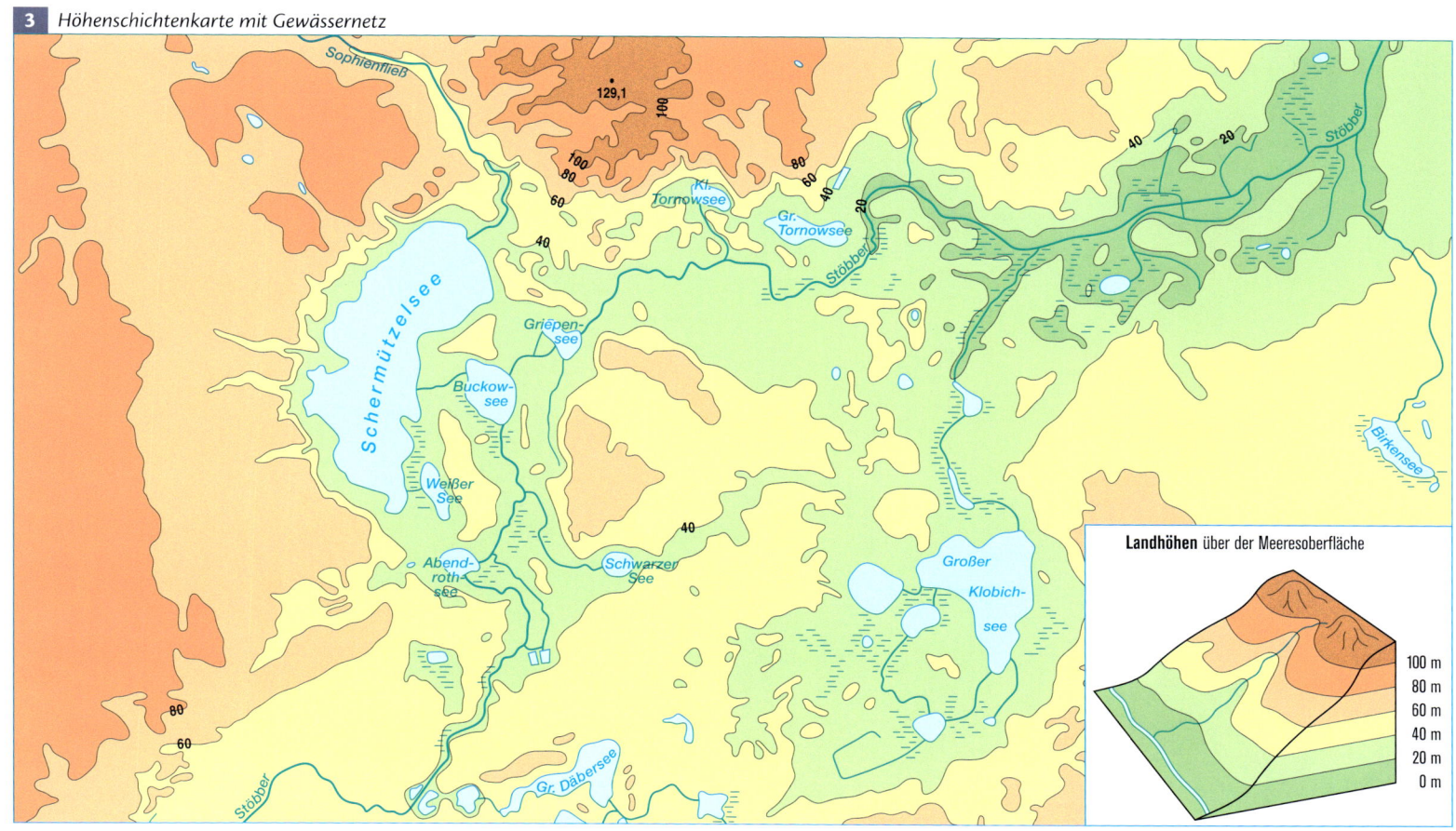

3 Höhenschichtenkarte mit Gewässernetz

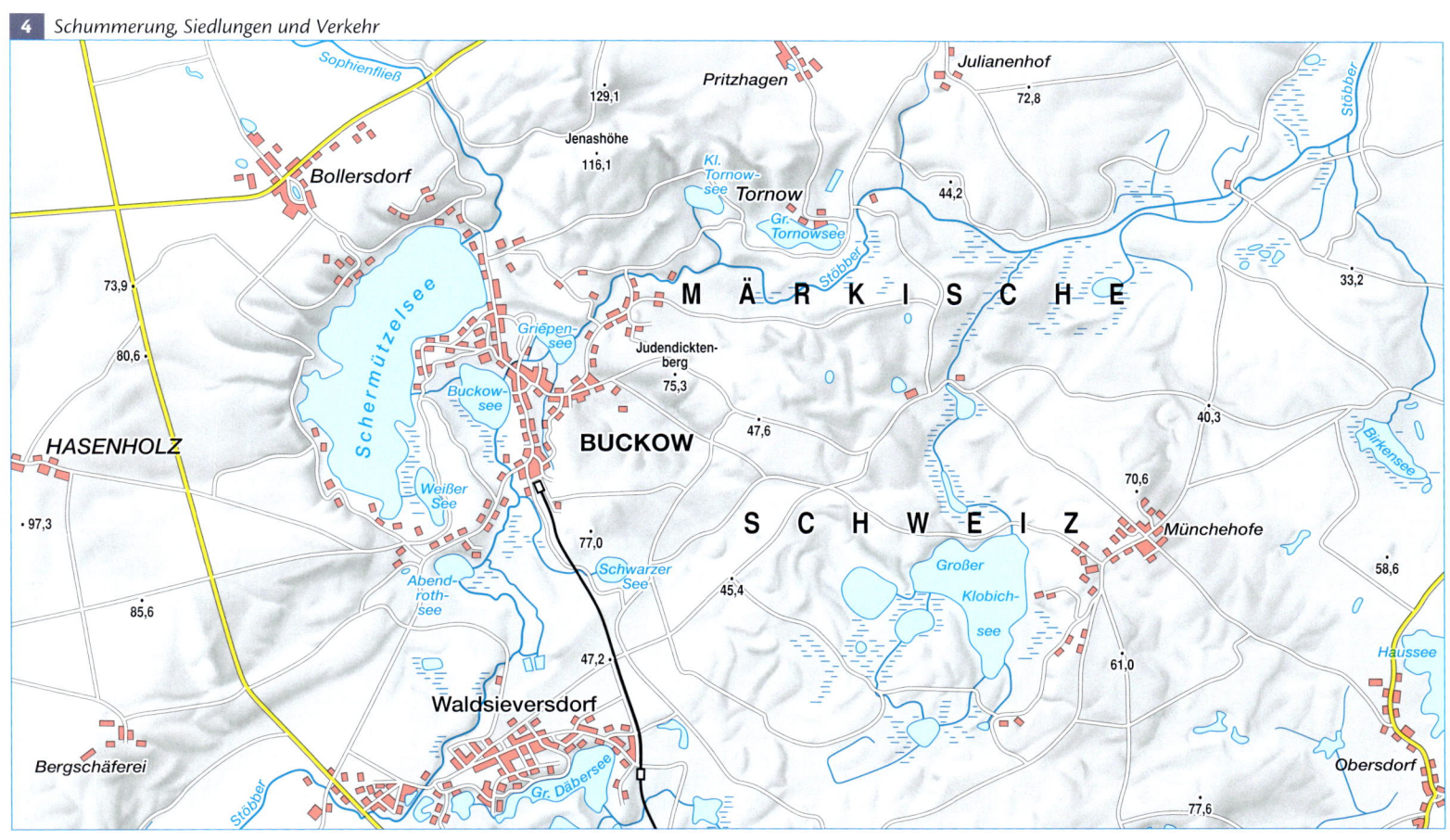

4 Schummerung, Siedlungen und Verkehr

1 : 100 000   1 cm ≙ 1 km

Einführung in die Wanderkarte: Potsdam–Berlin/Wannsee

Außer physischen Karten gibt es auch **thematische Karten**. Dazu gehören zum Beispiel **Wanderkarten**. Auf den nächsten Seiten lernst du weitere thematische Karten kennen. Jeder Kartentyp besitzt eigene Kartenzeichen, auch **Signaturen** genannt. Deshalb müssen vor der Benutzung einer Karte der Kartentitel und die Signaturen, die in der **Legende** stehen, genau gelesen werden.

1. Plane eine Wanderung von der Glienicker Brücke zur Pfaueninsel. Ermittle die Entfernung der Strecke. Gehe zunächst vom denkbar kürzesten Weg aus.
2. Nenne Sehenswürdigkeiten auf dem gewählten Weg zur Insel. Lassen sich weitere lohnenswerte Ziele finden, wenn du einen anderen Wanderweg benutzt?

1 Wanderkarte

2 Wanderweg

3 Strandbad

4 Schloss

5 Fähre

Einführung in die Wirtschaftskarte: Brandenburg–Werder

Wirtschaftskarten sind auch thematische Karten. Sie geben zum Beispiel Auskunft über die Landwirtschaft, Industrie oder den Bergbau eines Gebietes, indem sie Wirtschaftsstandorte aufzeigen. Oft unterstützen figürliche Signaturen das Lesen der Karte. So kennzeichnet beispielsweise in unten stehender Karte ein Zahnrad die Maschinenindustrie oder ein Apfel den Obstanbau.

1. Beschreibe die landwirtschaftliche Nutzung westlich von Werder.
2. Untersuche die Stadt Brandenburg/Havel als Industriestandort. Nenne Industriezweige, die in der Stadt vertreten sind.
3. Suche Gemeinsamkeiten und Unterschiede der Industrieansiedlung in den Städten Brandenburg/Havel und Werder.

1 *Wirtschaftskarte*

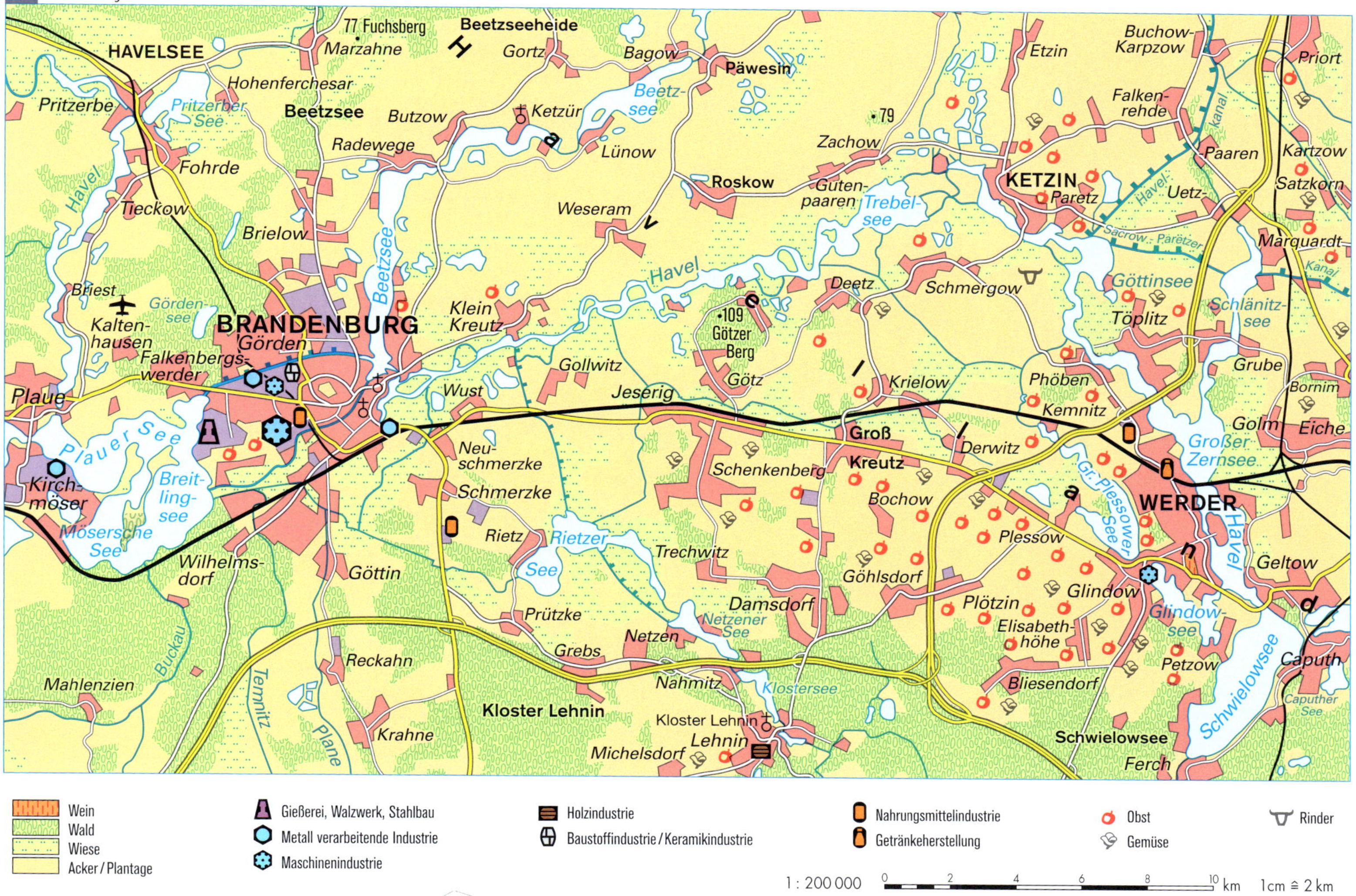

Legende:
- Wein
- Wald
- Wiese
- Acker / Plantage
- Gießerei, Walzwerk, Stahlbau
- Metall verarbeitende Industrie
- Maschinenindustrie
- Holzindustrie
- Baustoffindustrie / Keramikindustrie
- Nahrungsmittelindustrie
- Getränkeherstellung
- Obst
- Gemüse
- Rinder

1 : 200 000   1 cm ≙ 2 km

2 *Nahrungsmittelindustrie*

4 *Obstanbau*

3 *Holzindustrie*

5 *Stahlbau*

© Cornelsen

10 Einführung in die Geschichtskarte: Mark Brandenburg um 1500

Geschichtskarten haben Themen aus vergangener Zeit zum Inhalt. Sie zählen zu den thematischen Karten. Die Geschichtskarte zeigt die Mark Brandenburg vor rund 500 Jahren. Neben der Größe des Gebiets in blauer Farbe lassen sich weitere Karteninhalte erkennen: die Lage von Burgen, Klöstern und Bischofssitzen. Sie werden durch Kartenzeichen angegeben.

1. Kurfürst Johann Cicero machte Ende des 15. Jahrhunderts Cölln zu seinem ständigen Herrschaftssitz. Finde den Ort in der Karte und beschreibe seine Lage.
2. Suche die heutige Landeshauptstadt Potsdam in der Karte. Was bedeutet das Kartenzeichen bei Potsdam?
3. Suche Orte mit Klöstern in der Uckermark und Orte mit Burgen in der Prignitz.

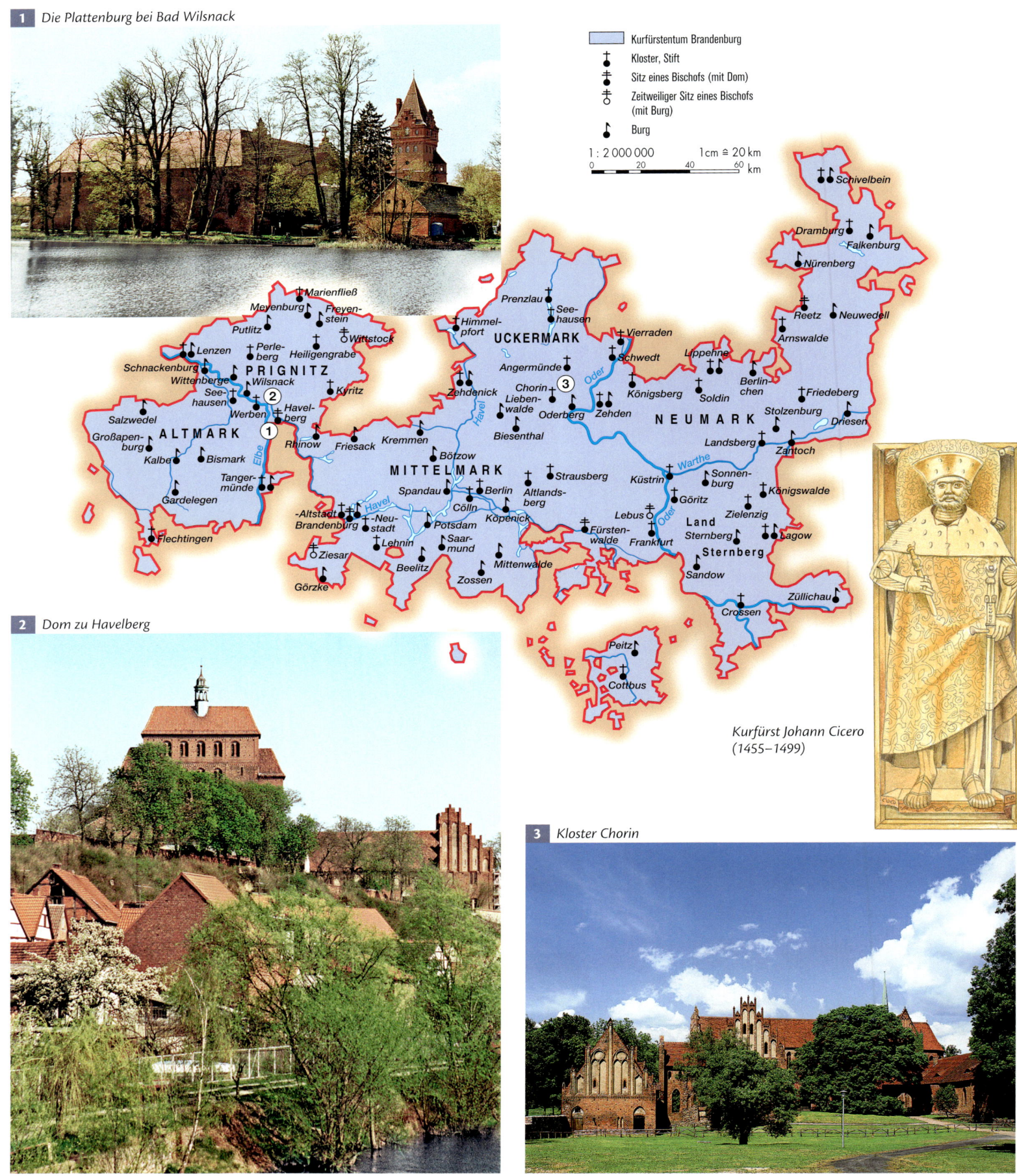

1 Die Plattenburg bei Bad Wilsnack

2 Dom zu Havelberg

3 Kloster Chorin

Kurfürst Johann Cicero (1455–1499)

Die Kulturlandschaften Brandenburgs

Die Landschaften Brandenburgs sind durch Hochflächen und Niederungen geprägt, die ihre Formen während und nach der letzten Eiszeit erhielten. Die höchsten Erhebungen befinden sich im Hohen Fläming und bei Ortrand südlich der Schwarzen Elster an der Grenze zum Bundesland Sachsen. Große Teile des Landes sind mit Wald bedeckt. Die Niederungen der Flüsse mit ihren Wiesenlandschaften und Mooren geben den Landschaften ein besonderes Aussehen.

Mit etwa 3000 Seen und fast 30 000 Kilometern Fließgewässern gehört Brandenburg zu den wasserreichsten Landschaften Europas. Landschaften mit besonderer Ausprägung sind heute Natur- und Landschaftsschutzgebiete.

1. Beschreibe anhand der Fotos Besonderheiten der Landschaften in Brandenburg.
2. Entwirf zum Foto 3 (Spreewald) eine Werbeschrift für Touristen.

1 Märkische Heide bei Beelitz

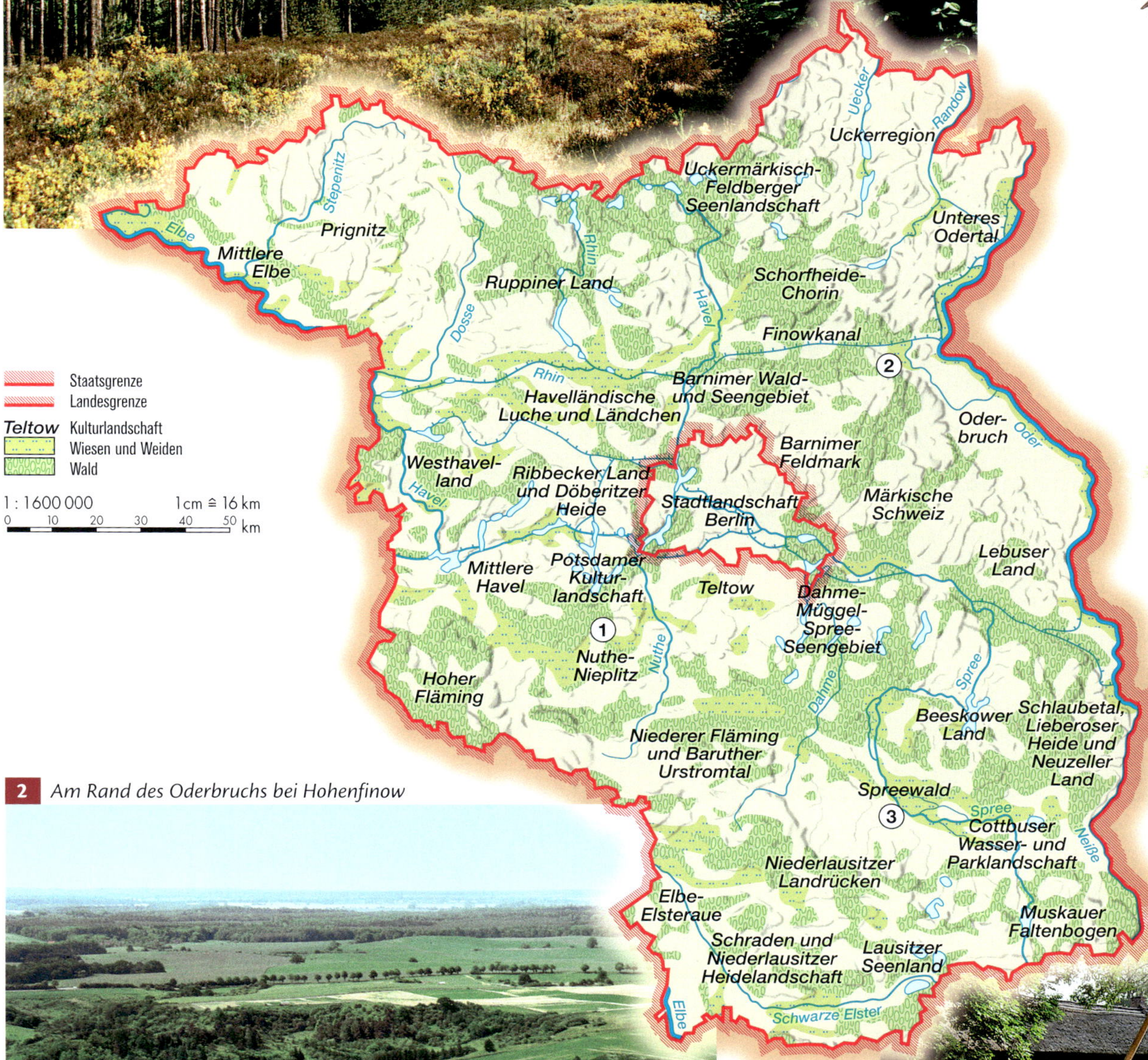

2 Am Rand des Oderbruchs bei Hohenfinow

3 Kahnfährfrauen im Spreewald

Seeadler

Kranich

Adonisröschen

12 Brandenburg: Physische Karte

Diese Seiten zeigen eine **physische Karte** des Landes Brandenburg in seiner gesamten Ausdehnung. Die Höhenschichtenfarben verdeutlichen die Landhöhen. So erscheinen der Norden und Süden des Landes in Brauntönen, da sich hier die am höchsten gelegenen Gebiete Brandenburgs befinden. Das Havelland und das Oderbruch sind hingegen mit Grüntönen versehen. Sie weisen nur geringe Höhen auf. Die Schummerung lässt die Oberflächenformen deutlicher werden.

Unter dem Landschaftsbild ist eine **Profilzeichnung** zu sehen, die als Seitenansicht einen Schnitt durch die Höhenschichten vom Hohen Fläming zum Oderbruch veranschaulicht. Beginn und Ende der Profillinie sind durch die Buchstaben A und B gekennzeichnet.

1. Finde die Profillinie in der physischen Karte und beschreibe ihren Verlauf.
2. Stell dir vor, du fliegst in einem Flugzeug die Profillinie entlang. Berichte, was du beim Flug sehen kannst. Der Maßstab gibt die Möglichkeit, den Bericht zu gliedern, indem du deine Beschreibung mit Kilometerangaben versiehst.
3. Zeichne ein eigenes Profil durch das Land Brandenburg, zum Beispiel vom Kutschenberg bei Ortrand nach Neuruppin.

1 Blick auf Neubrück/Spree

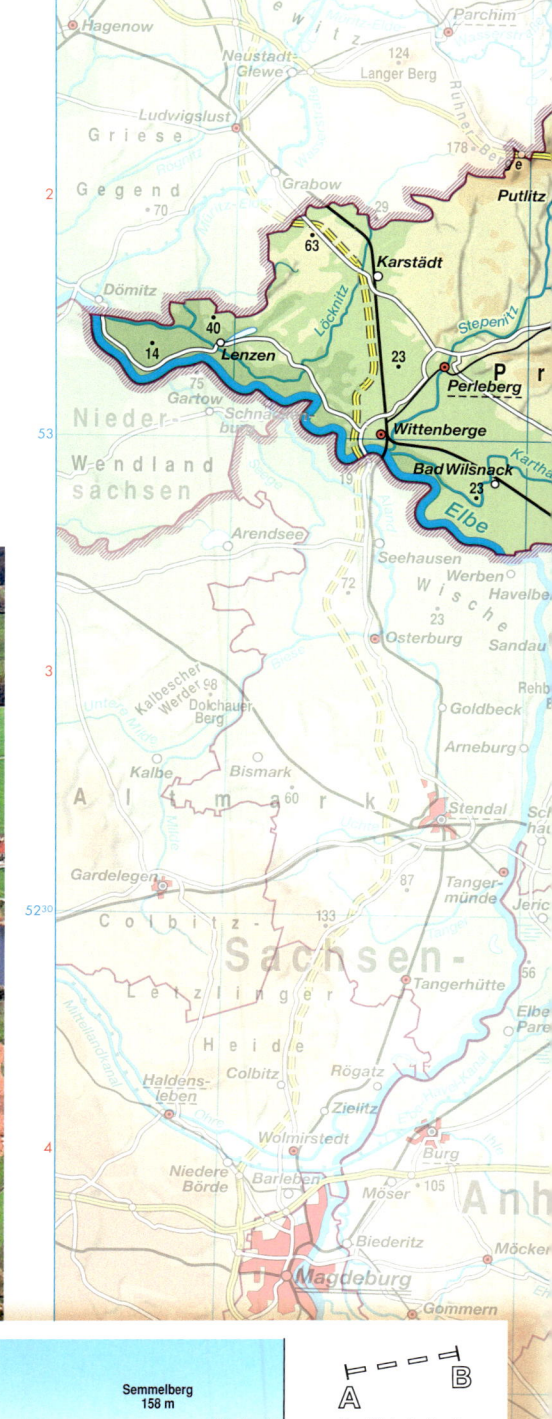

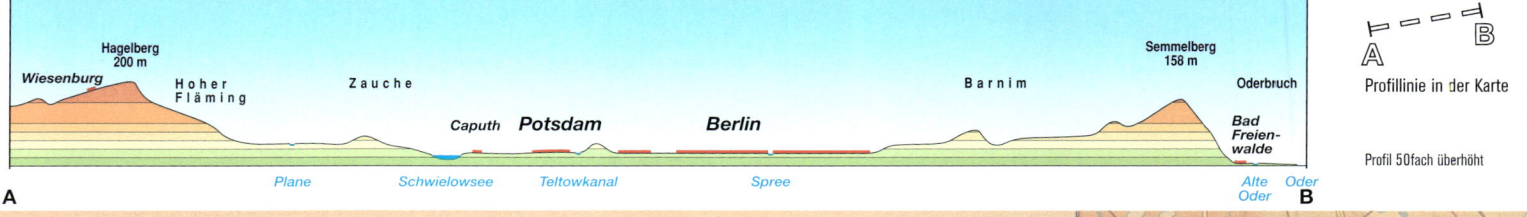

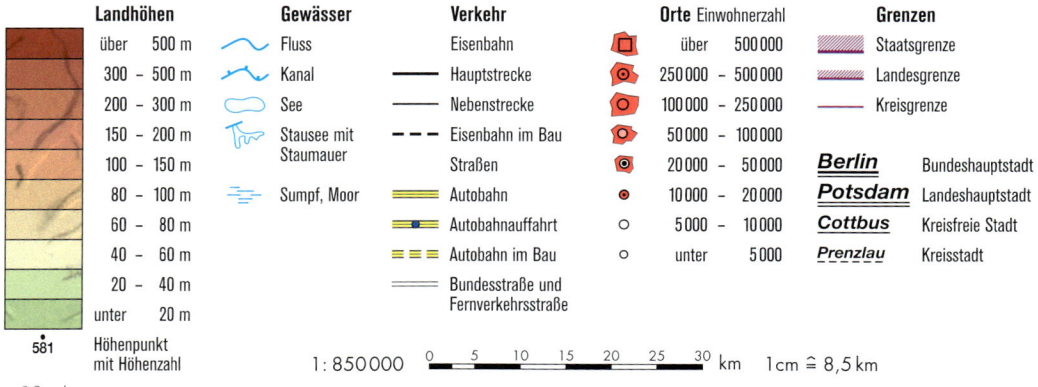

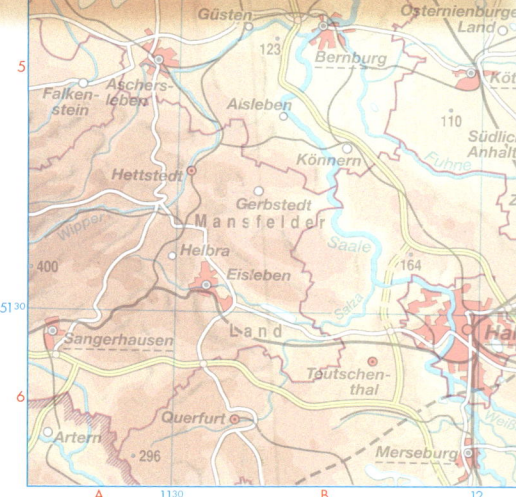

BRANDENBURG

14 Regionalkarte: Prignitz, Ruppiner Land, Havelland

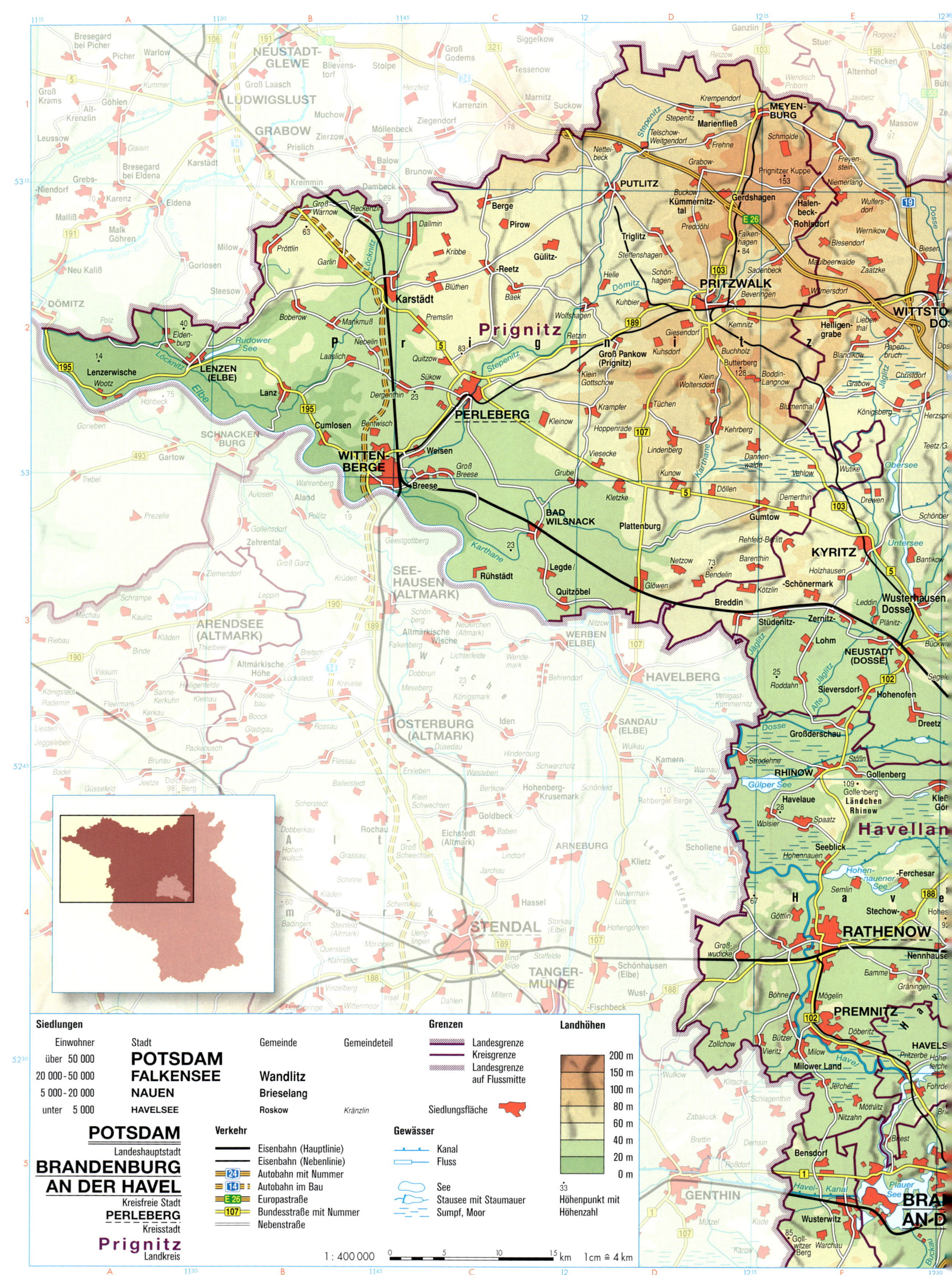

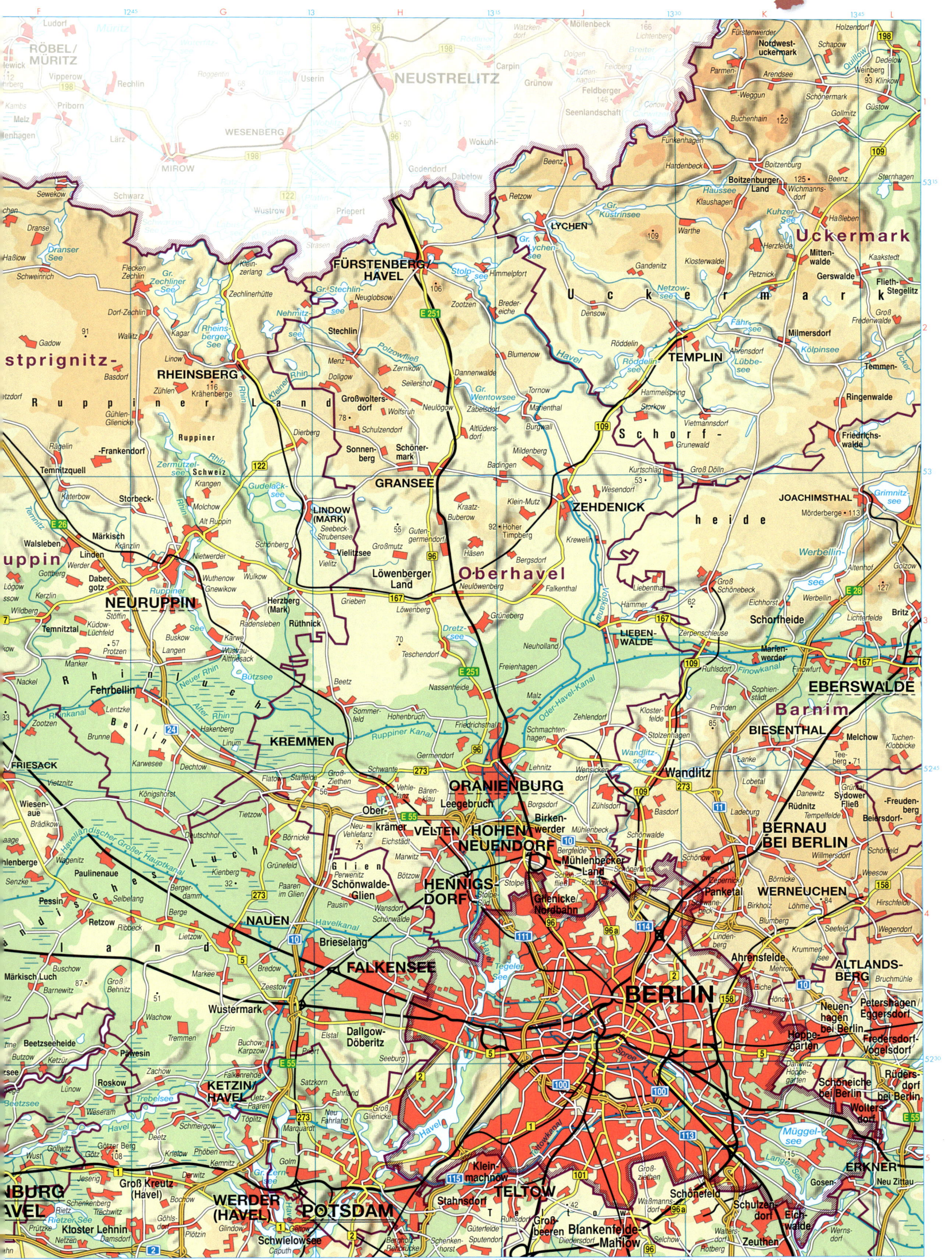

Regionalkarte: Uckermark, Barnim, Spree-Oderland

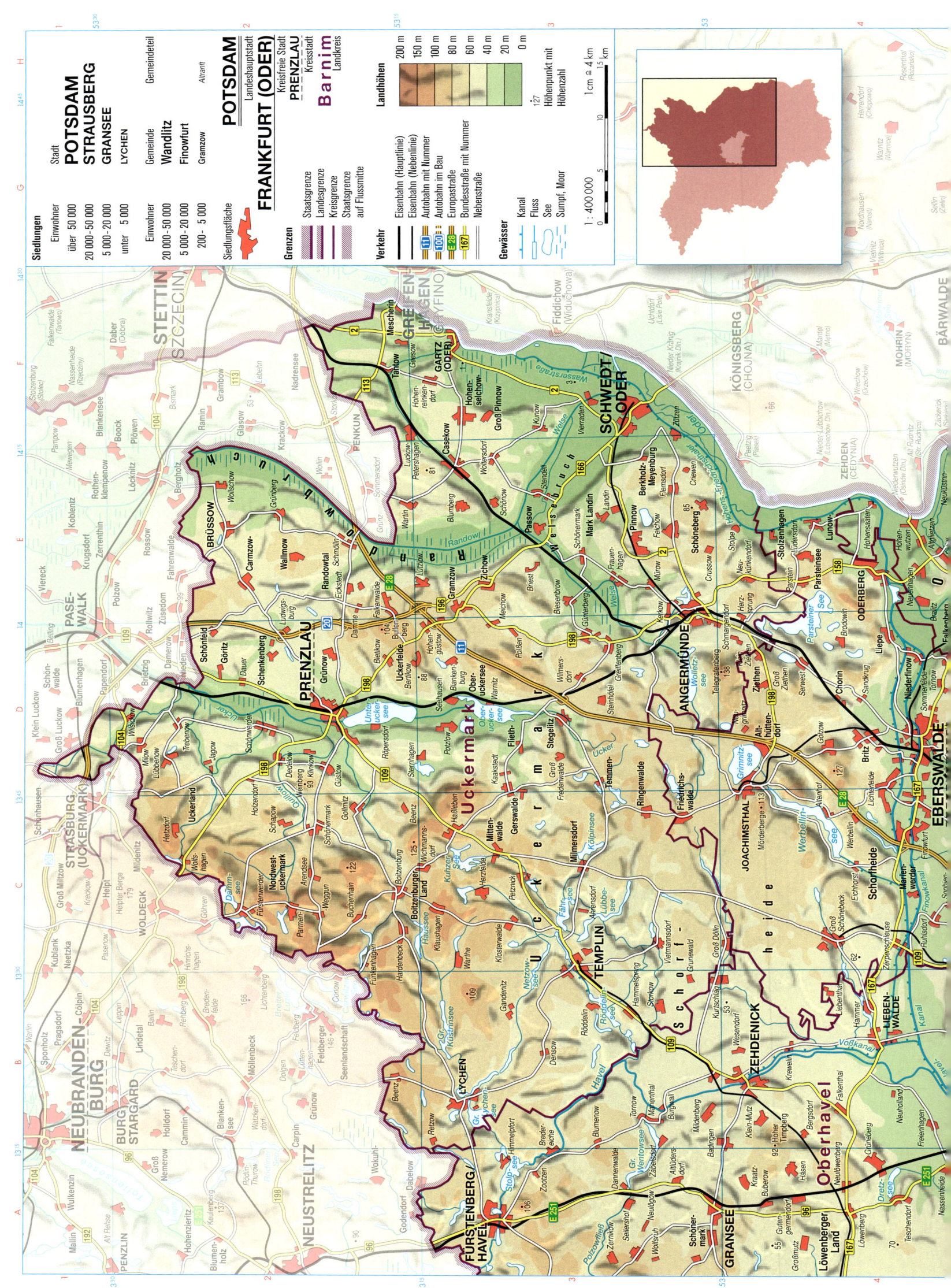

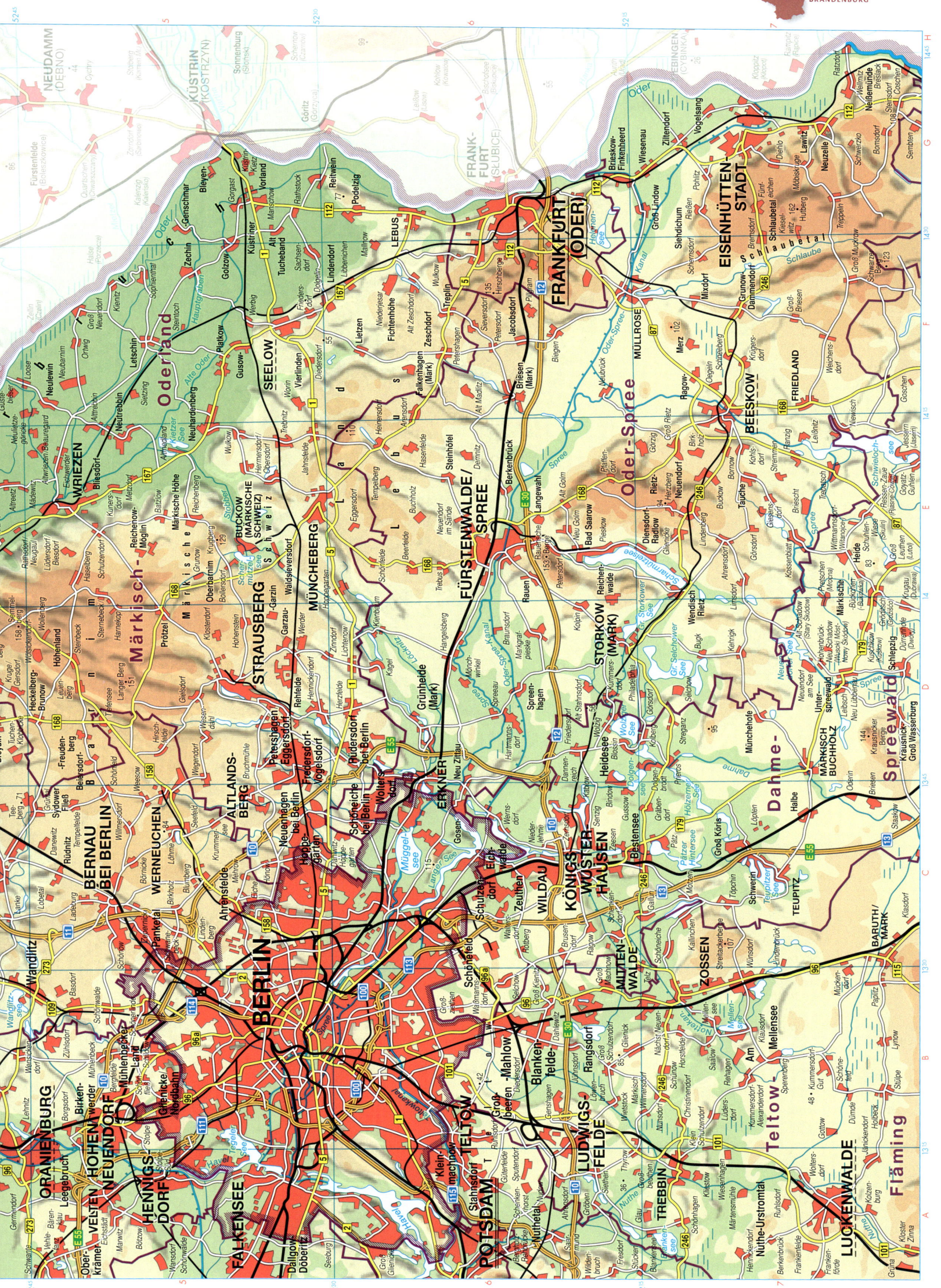

Regionalkarte: Mittelmark, Spree-Dahmeland, Niederlausitz

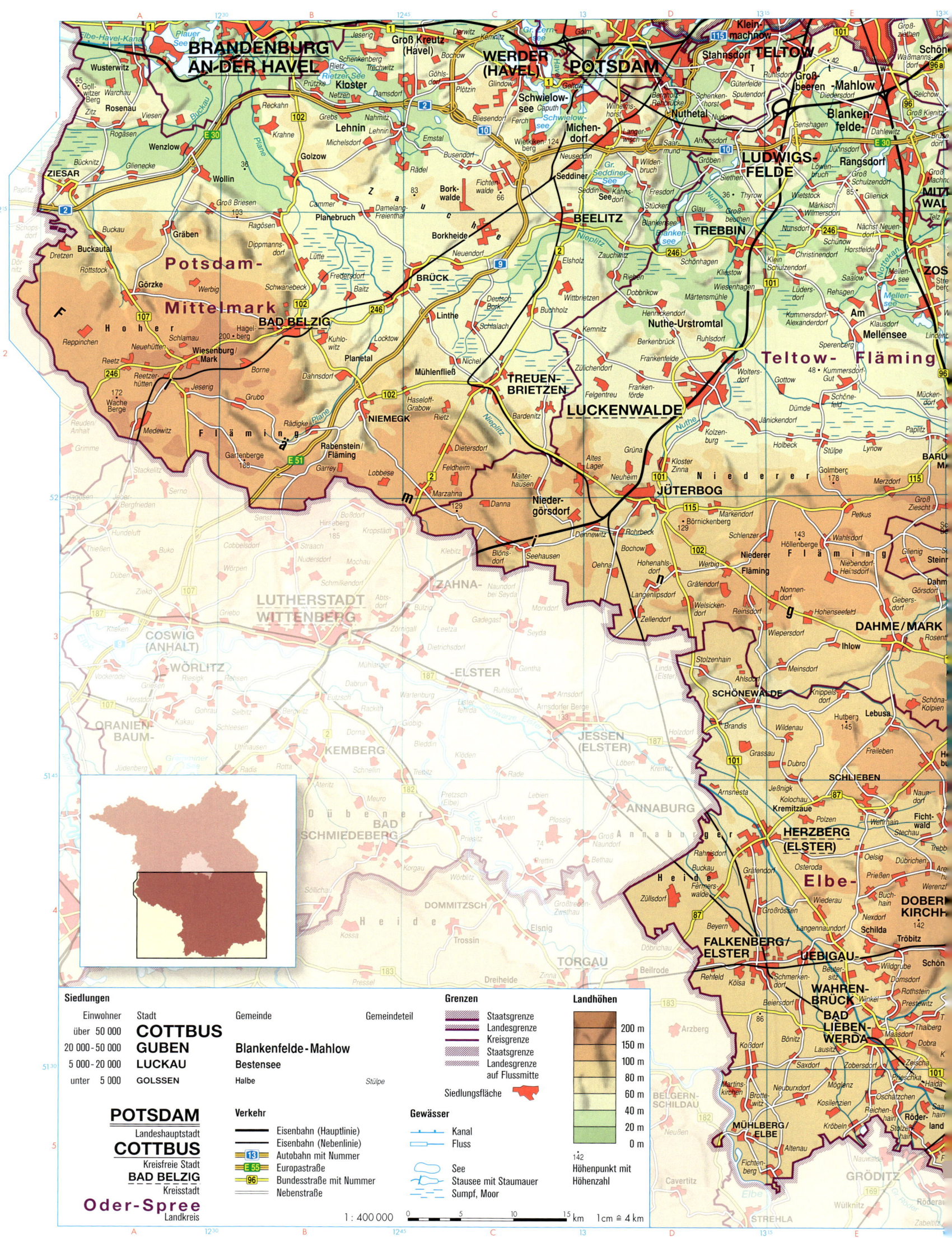

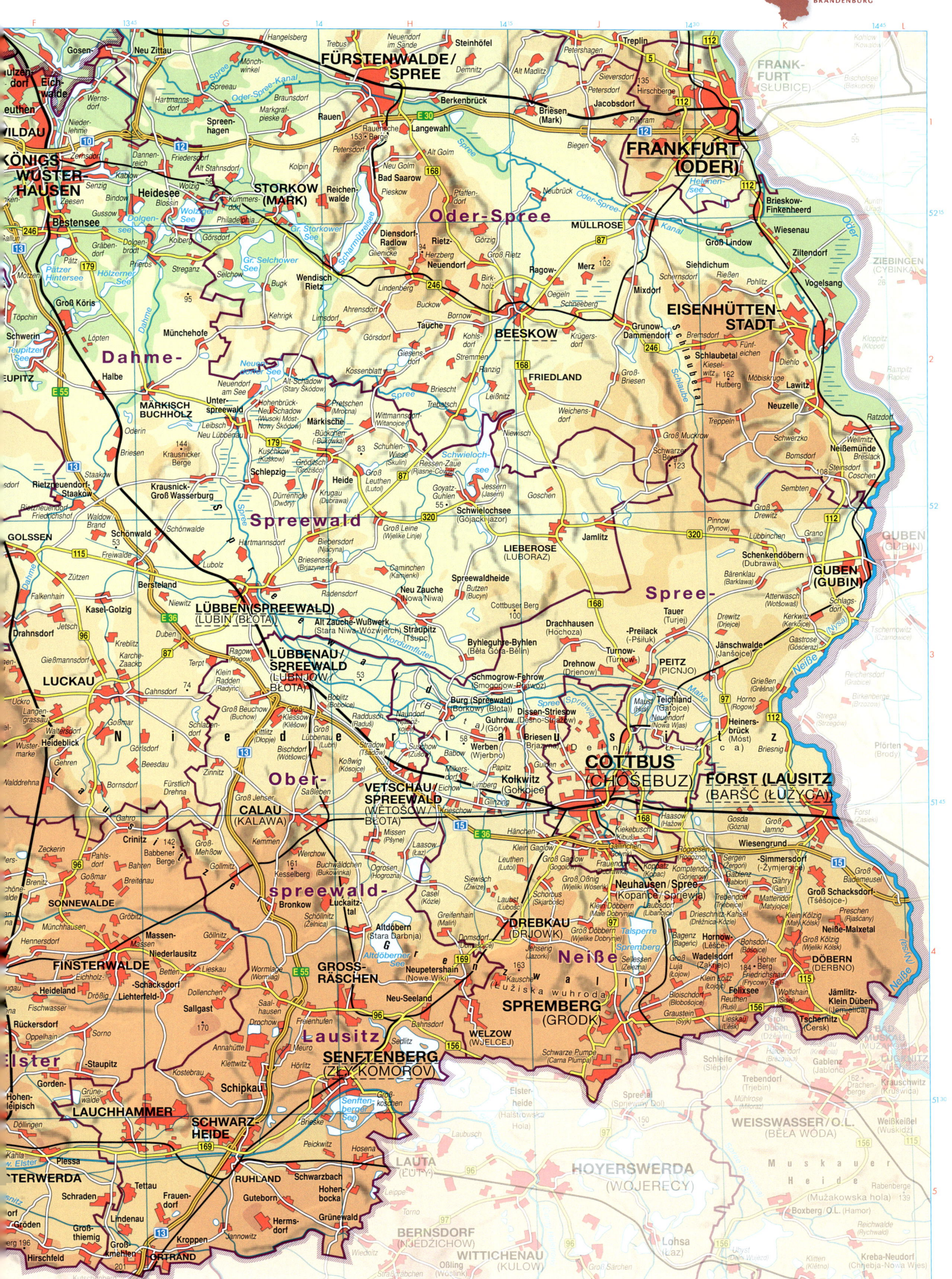

Brandenburg um 1800 und 1900

Die Gestalt des heutigen Landes Brandenburg hat sich im Laufe von Jahrhunderten herausgebildet. So dehnte sich die 1815 gebildete Provinz Brandenburg Anfang des 19. Jahrhunderts im Süden bis in die Niederlausitz aus, während die Altmark (westlich der Elbe gelegen) und Gebiete im Nordosten dafür abgetreten wurden. Namensgebend für die damalige Provinz und das spätere Land war der Burg- und Bistumsort Brandenburg an der Havel.

1. Suche in der Karte die Gebiete, die um 1800, und die Gebiete, die um 1900 zu Brandenburg gehörten.
2. Miss und vergleiche die größte Nord-Süd- und Ost-West-Ausdehnung Brandenburgs um 1800 und um 1900.
3. Vergleiche die Ausdehnung Brandenburgs um 1900 mit den heutigen Landesgrenzen. Beziehe dazu die Karte auf Seite 21 ein. Orientiere dich dabei an Städtenamen und Flüssen.

1 Brandenburg, Dom St. Peter und Paul

2 Angermünde, Franziskaner-Klosterkirche

3 Bad Belzig, Burg Eisenhardt

Roland von Brandenburg

Das Land Brandenburg heute

Seit dem Jahr 1993 ist das Land Brandenburg in vierzehn **Landkreise** und vier **Kreisfreie Städte** gegliedert. Die Landkreise wurden so begrenzt, dass jeder eine Fläche von annähernd 2000 km² und rund 120 000 Einwohnern umfasst.
Bei der Kreiseinteilung wurde auch darauf geachtet, dass möglichst viele Landkreise an die Bundeshauptstadt Berlin angrenzen.
Hinweis: Auf dieser Seite findest du die Wappen der Landkreise. Die Wappen der Kreisfreien Städte findest du auf Seite 1.

1. Acht Landkreise grenzen an Berlin, drei weitere liegen jeweils im Norden bzw. Süden des Landes. Lege eine Tabelle der Landkreise an und ordne ihnen die jeweilige Kreisstadt zu.
2. Finde die vier Kreisfreien Städte Brandenburgs.
3. Warum sollten möglichst viele Landkreise an Berlin grenzen? Du kannst auch eine Wirtschaftskarte zu Hilfe nehmen.

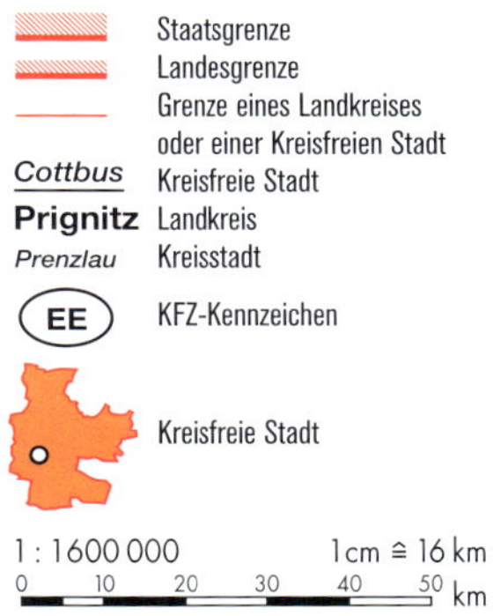

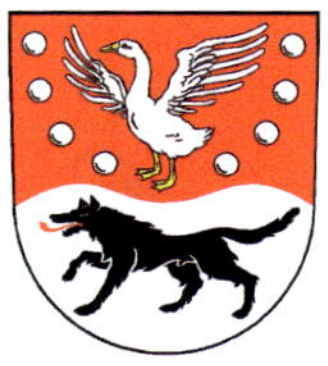

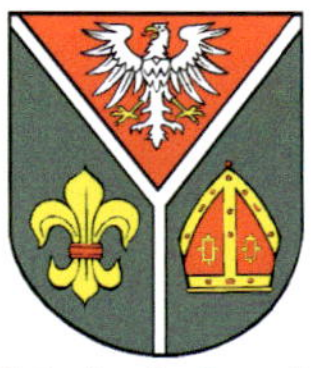

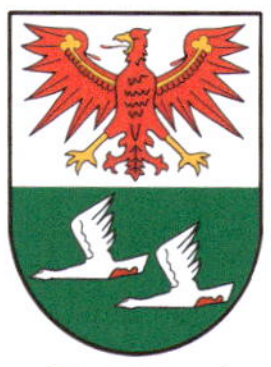

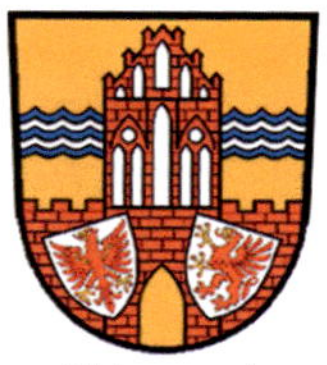

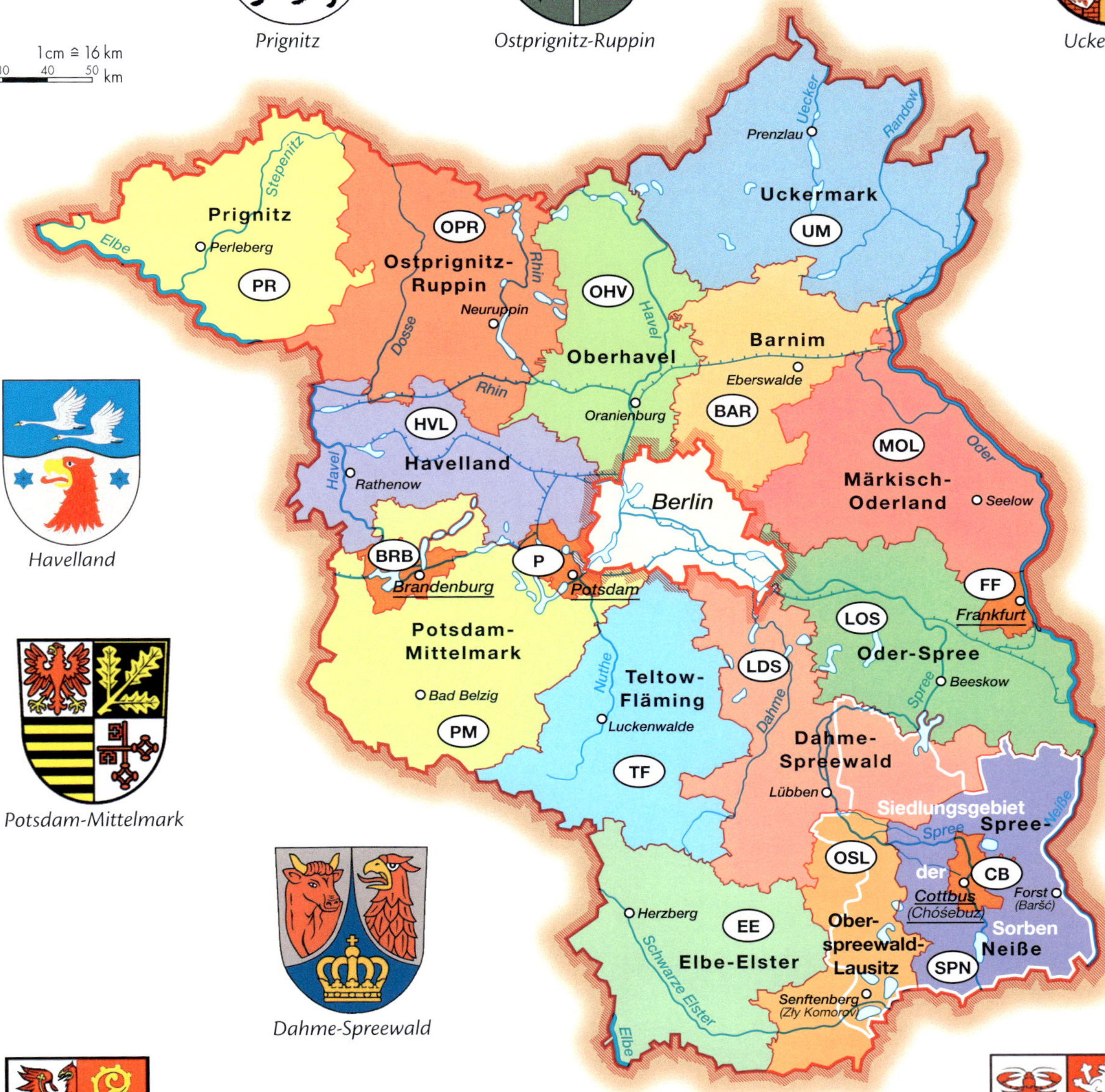

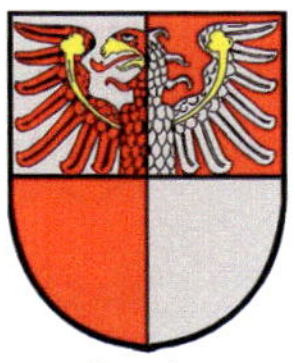

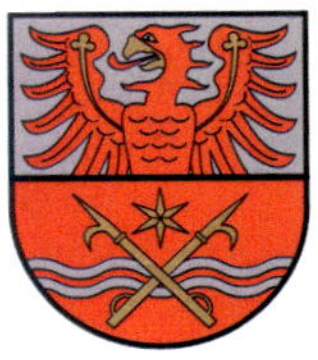

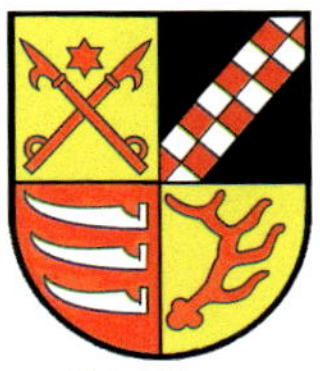

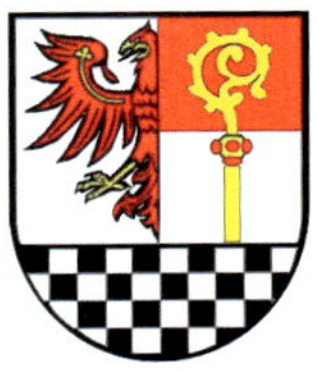

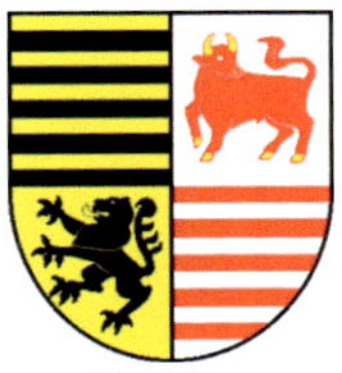

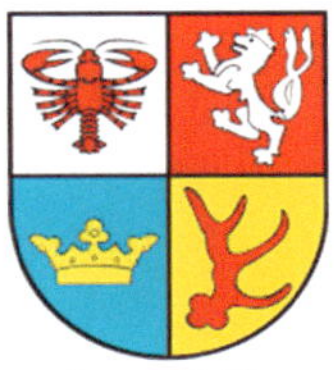

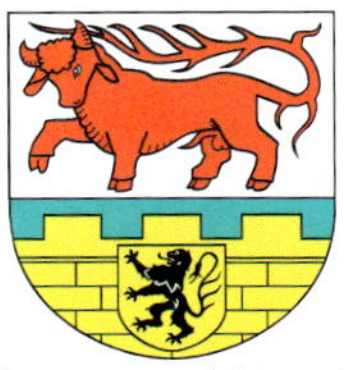

Brandenburg: Landwirtschaft

Annähernd die Hälfte der Fläche Brandenburgs wird landwirtschaftlich genutzt. Dabei überwiegt der Anbau von Nutzpflanzen gegenüber der Viehhaltung.
Brandenburg ist bekannt für den Obst- und Gemüseanbau. Gurken aus dem Spreewald oder Spargel aus dem Beelitzer Land werden weit über die Grenzen Brandenburgs verkauft. Dies gilt auch für Erzeugnisse der Viehhaltung.

1. Nenne größere zusammenhängende Obst- und Gemüseanbaugebiete in Brandenburg.
2. Wo lassen sich Zuckerrüben am besten anbauen? Ermittle die Bodengüte. Achte auf die Angaben: Ackerland mit guten Böden und Ackerland mit armen Böden.
3. Finde Standorte der Tierzucht in Brandenburg. Erstelle eine Liste mit Beispielen für Fischzucht und Viehhaltung.

1 Ackerbau in der Uckermark

2 Pferdezucht in Neustadt/Dosse

3 Fischwirtschaft bei Peitz

Landwirtschaftliche Produkte aus Brandenburg

Brandenburg: Bergbau und Industrie

Der umfangreichste Bodenschatz Brandenburgs ist die Braunkohle. Aus ihr wird meist in unmittelbarer Nähe der Abbaugebiete Strom erzeugt.

Die Industrie Brandenburgs ist vielfältig, aber nicht gleichmäßig über das Land verteilt. Ein Ring von Industriebetrieben hat sich um Berlin angelagert. Andere Schwerpunkte bilden die größeren Städte Brandenburgs.

1. Ermittle die Abbaugebiete der Braunkohle in Brandenburg. Nenne Industrien, die mit dem Kohlebergbau verbunden sind.
2. Erkläre die Ballung der Industrie im Berliner Umland.
3. Vergleiche die Industriestandorte Eisenhüttenstadt und Schwedt. Nenne Gemeinsamkeiten und Unterschiede.
4. Welche Industriebetriebe könnten auf Rohstoffe des Landes Brandenburg zurückgreifen?

1 Braunkohlentagebau Jänschwalde

Hafenkran aus Eberswalde

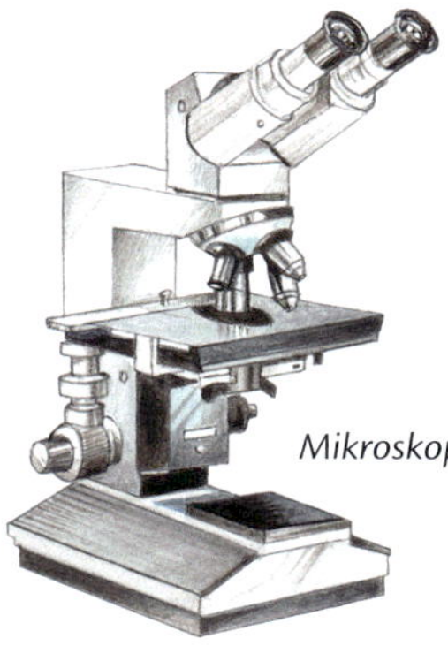

Verkehr
- Eisenbahn
- Autobahn
- Autobahn im Bau

Grenzen
- Staatsgrenze
- Landesgrenze

Bergbau
- Braunkohlenabbau
- Kalkabbau
- Erdölleitung

Energieerzeugung
- Wärmekraftwerk

Industrie
- Eisenverhüttung und Stahlherstellung
- Metall verarbeitende Industrie
- Maschinenindustrie
- Getränkeherstellung

Erklärung weiterer Signaturen in der Sammellegende

1 : 1 600 000   1 cm ≙ 16 km

Mikroskop aus Rathenow

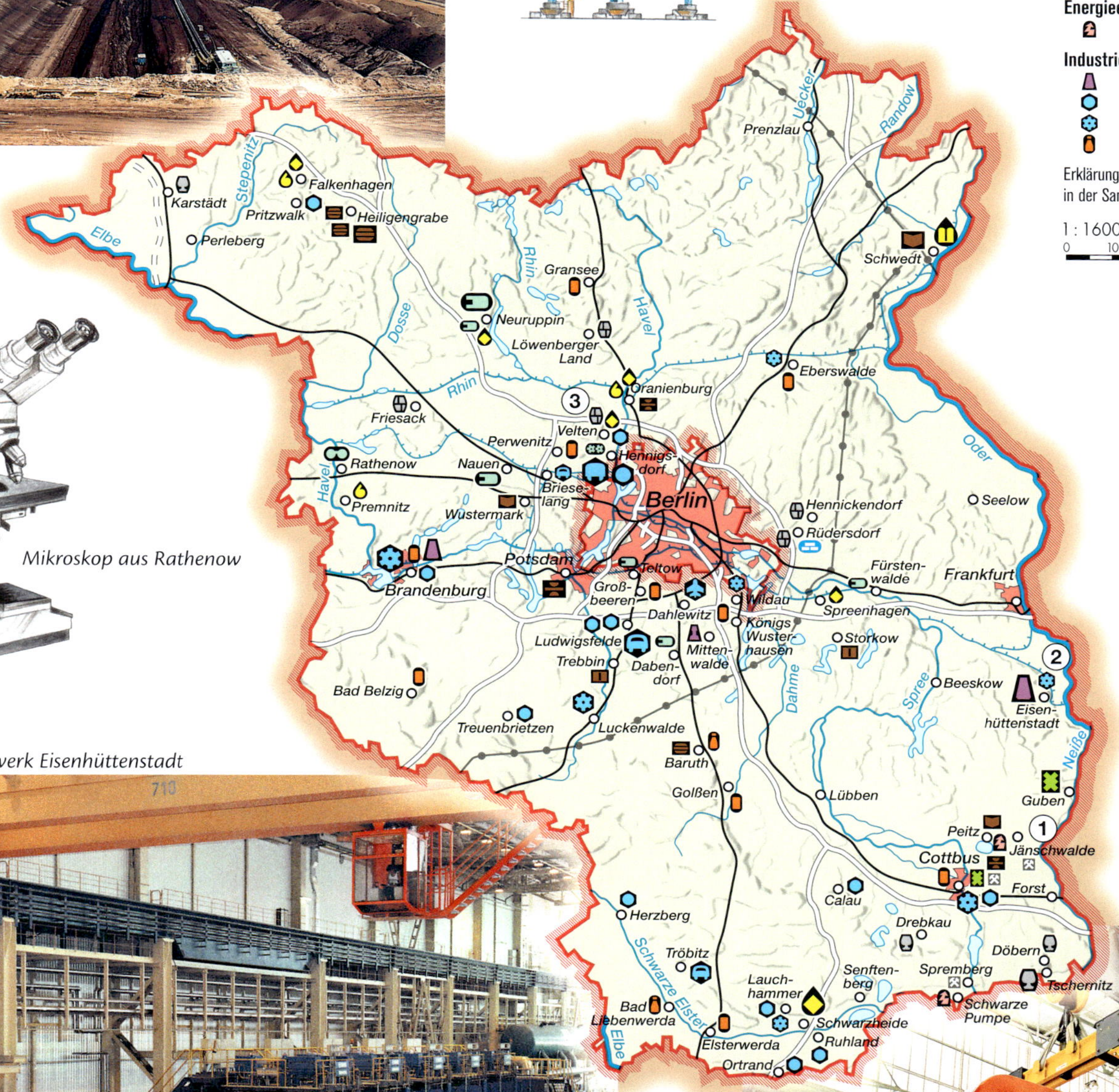

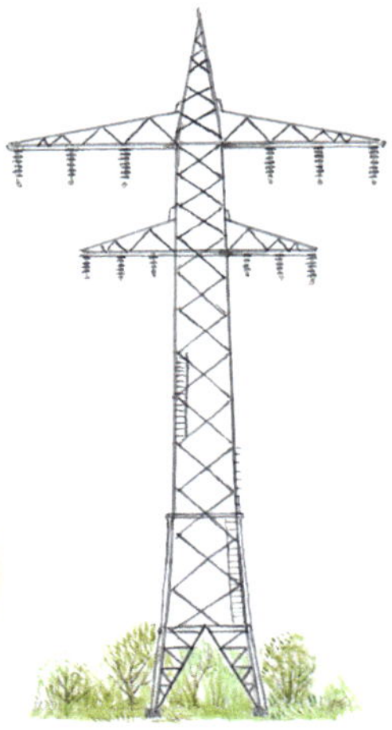

Strom aus Jänschwalde

2 Warmwalzwerk Eisenhüttenstadt

3 Schienenfahrzeugbau Hennigsdorf

© Cornelsen

24 Brandenburg: Tourismus und Erholung

Brandenburg bietet mit seinen Wäldern, Seen und Fließgewässern gute Erholungs- und Sportmöglichkeiten, insbesondere für Wanderer und Wassersportler. Aber auch viele Naturschutzgebiete und historische Sehenswürdigkeiten beleben den Fremdenverkehr im Land Brandenburg. Eine besondere Attraktion bilden die Deutsche Alleenstraße und die Märkische Eiszeitstraße.

1. Brandenburg bemüht sich um einen vielfältigen Natur- und Landschaftsschutz. Nenne verschiedene Formen.
2. Die Karte verzeichnet unterschiedliche Einrichtungen für den Tourismus. Stelle in einer Tabelle Beispiele für touristische Ziele in deiner Umgebung zusammen.
3. Beschreibe den Verlauf der Deutschen Alleenstraße und der Märkischen Eiszeitstraße.

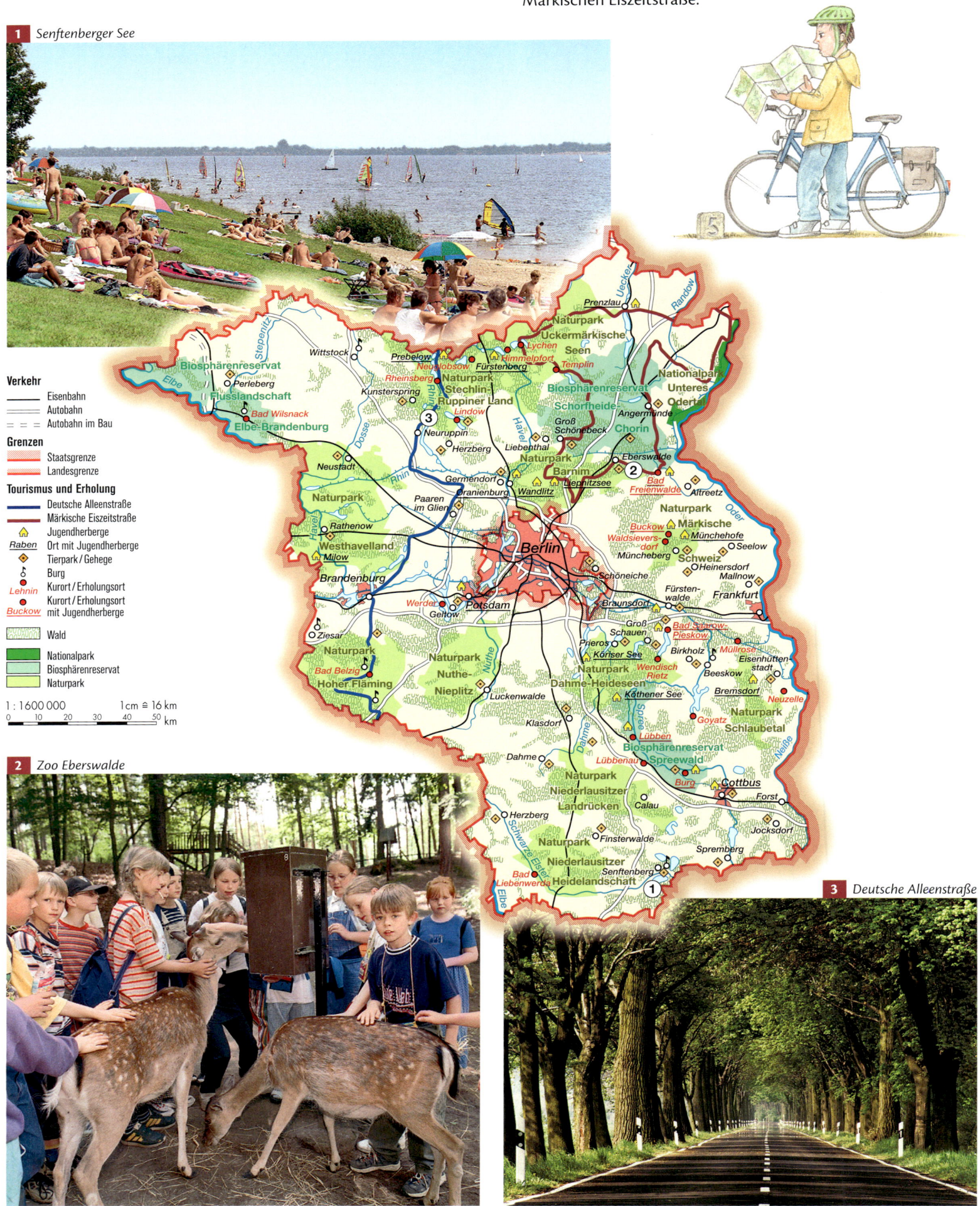

1 Senftenberger See

2 Zoo Eberswalde

3 Deutsche Alleenstraße

Brandenburg: Regionalverkehr

Auf dieser Seite siehst du einen **Streckennetzplan** des Regionalverkehrs der Eisenbahn. Er zeigt den Streckenverlauf, die Bahnhöfe in Brandenburg sowie die Zielbahnhöfe von Strecken, die über die Grenzen Brandenburgs hinausführen.

Die Streckenverläufe sind nur schematisch dargestellt. Streckennetzpläne sind nicht maßstabsgerecht, deshalb lassen sich mit ihrer Hilfe keine Streckenlängen ermitteln.

1. Suche im Streckennetzplan die Bahnhöfe Cottbus und Königs Wusterhausen und stelle fest, welche Bahnhöfe an dieser Strecke liegen.
2. Du willst mit der Regionalbahn von Prenzlau (im Nordosten Brandenburgs) nach Schwedt (Oder) fahren. Welche Informationen kannst du dem Plan zu deiner Fahrtstrecke entnehmen?

1 Regionalbahn bei Wandlitz

2 S-Bahn

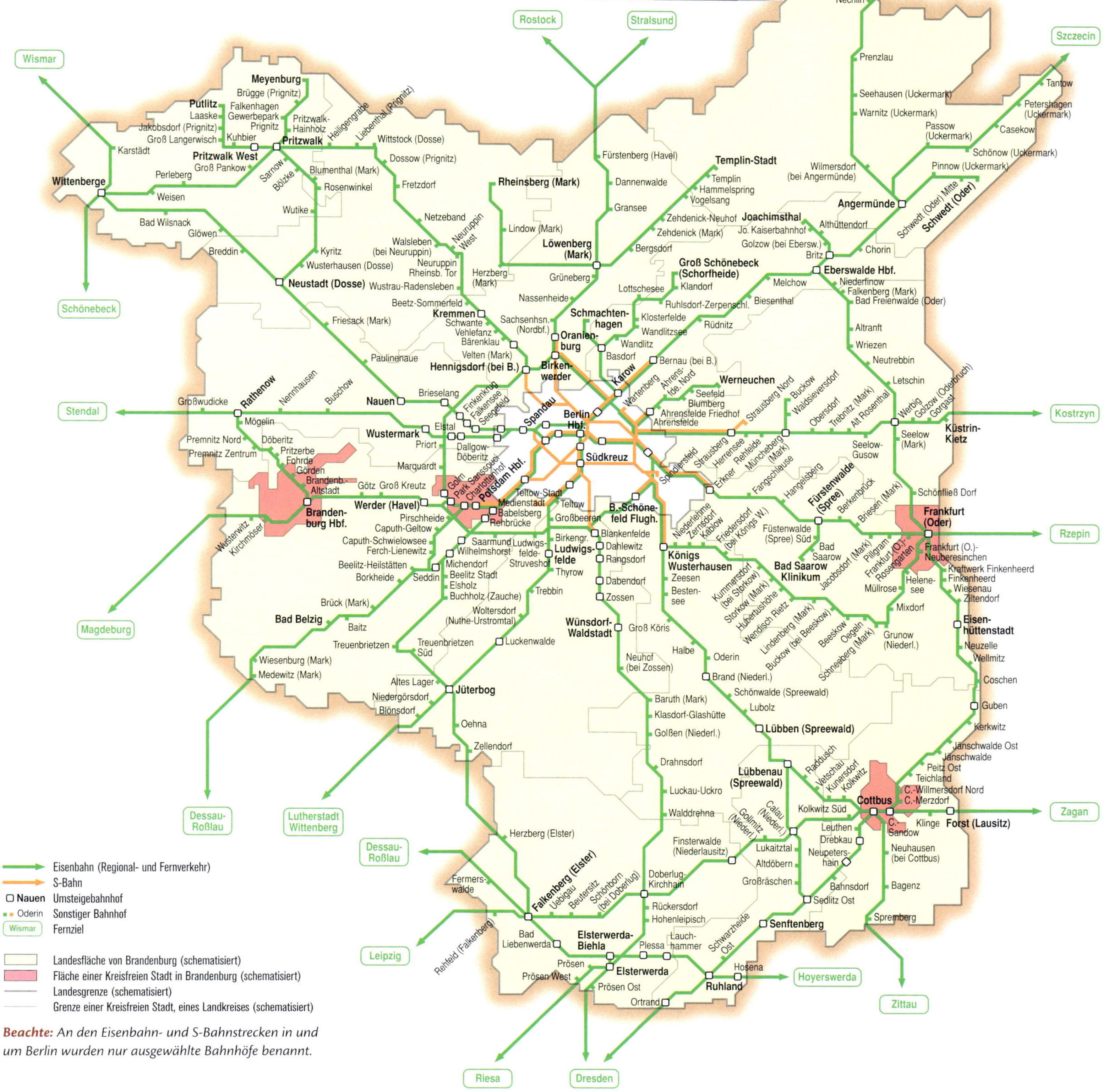

Beachte: An den Eisenbahn- und S-Bahnstrecken in und um Berlin wurden nur ausgewählte Bahnhöfe benannt.

Legende:
- Eisenbahn (Regional- und Fernverkehr)
- S-Bahn
- Nauen — Umsteigebahnhof
- Oderin — Sonstiger Bahnhof
- Wismar — Fernziel
- Landesfläche von Brandenburg (schematisiert)
- Fläche einer Kreisfreien Stadt in Brandenburg (schematisiert)
- Landesgrenze (schematisiert)
- Grenze einer Kreisfreien Stadt, eines Landkreises (schematisiert)

© Cornelsen

26 Landeshauptstadt Potsdam

1 *Schrägluftbild*

2 *Plan der Innenstadt*

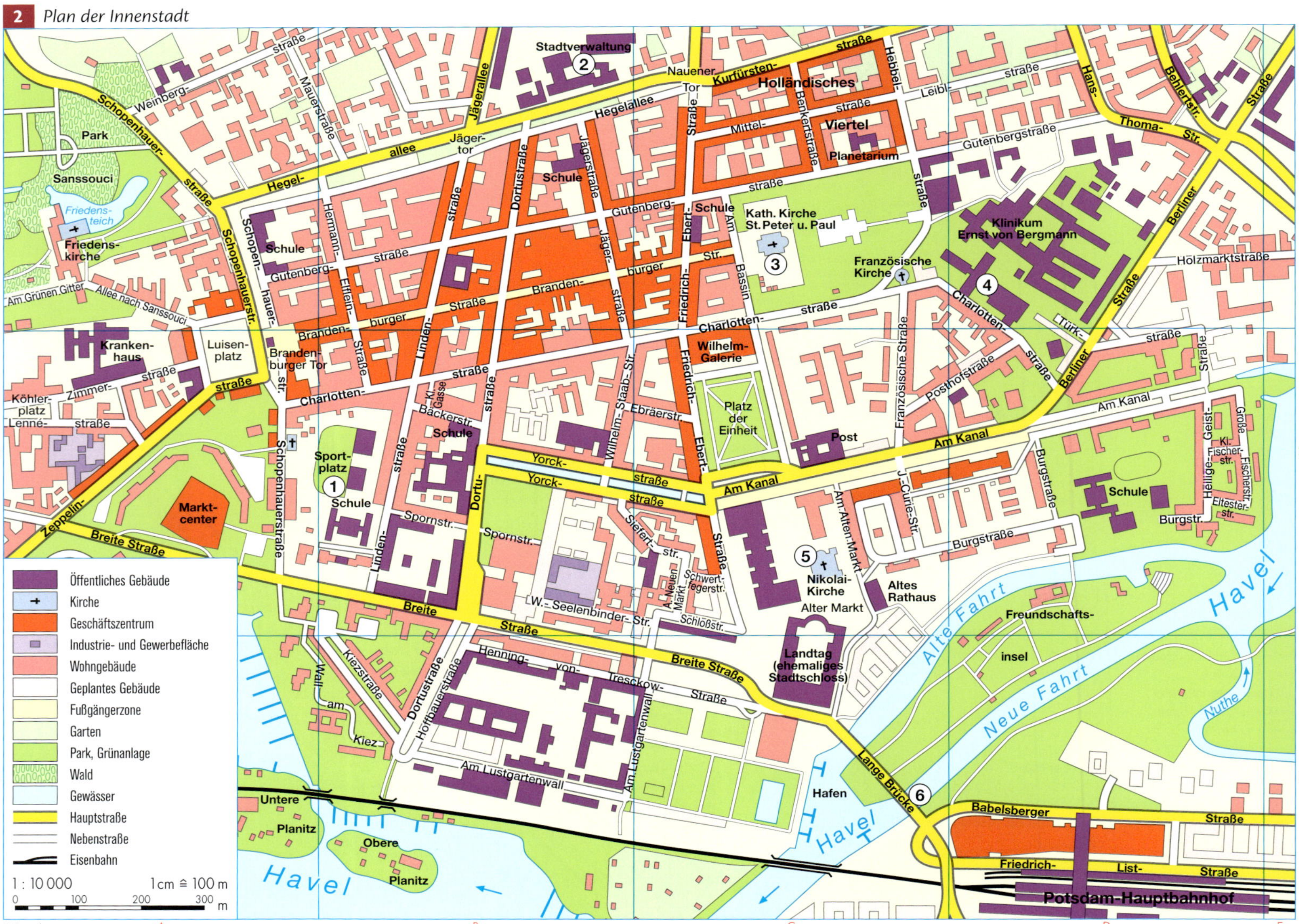

Legende:
- Öffentliches Gebäude
- Kirche
- Geschäftszentrum
- Industrie- und Gewerbefläche
- Wohngebäude
- Geplantes Gebäude
- Fußgängerzone
- Garten
- Park, Grünanlage
- Wald
- Gewässer
- Hauptstraße
- Nebenstraße
- Eisenbahn

1 : 10 000   1 cm ≙ 100 m

© Cornelsen

Die Stadtentwicklung Potsdams ging vom Alten Markt aus (siehe Stadtplan Seite 26). Hier stand das Stadtschloss, das im Zweiten Weltkrieg zerstört und später abgerissen wurde. Die Begrenzung des Stadtkerns ist noch heute durch eine Reihe von Toranlagen zu erkennen, wie z. B. dem Brandenburger Tor.

Die Karte auf Seite 27 oben wurde um 1770 gezeichnet. Sie ist eine **historische Karte**. Im Vergleich mit der darunter stehenden Karte von heute kann man erkennen, wie sich die Stadt Potsdam und ihre nähere Umgebung in den letzten 250 Jahren veränderten.

1. Finde auf dem Stadtplan S. 26 den Alten Markt, das ehemalige Stadtschloss, die Stadttore und den Park Sanssouci.
2. Vergleiche die beiden Karten auf dieser Seite. Welche Veränderungen im Siedlungsbild fallen dir besonders auf?

1 Schloss Sanssouci

2 Holländisches Viertel

3 Potsdam und Umgebung um 1770

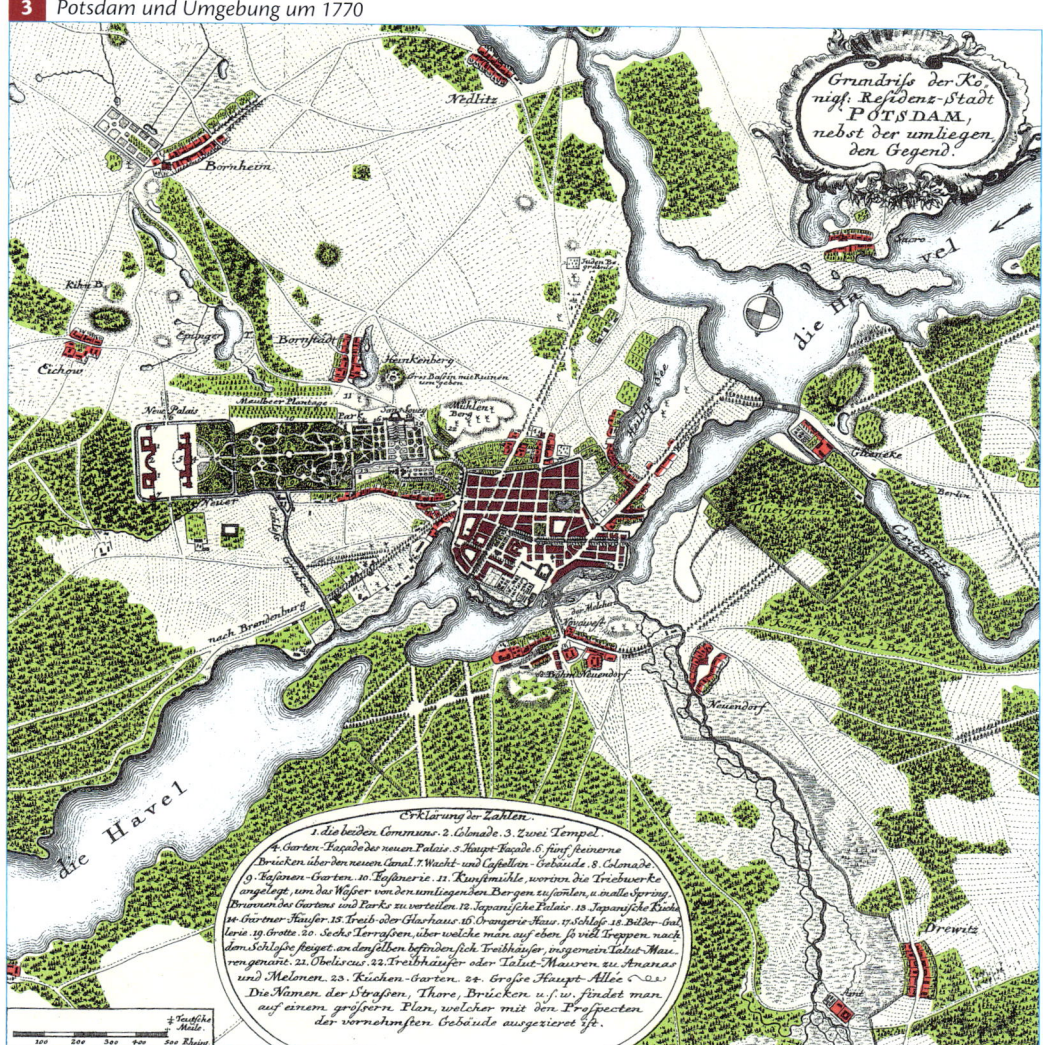

4 Potsdam und Umgebung heute

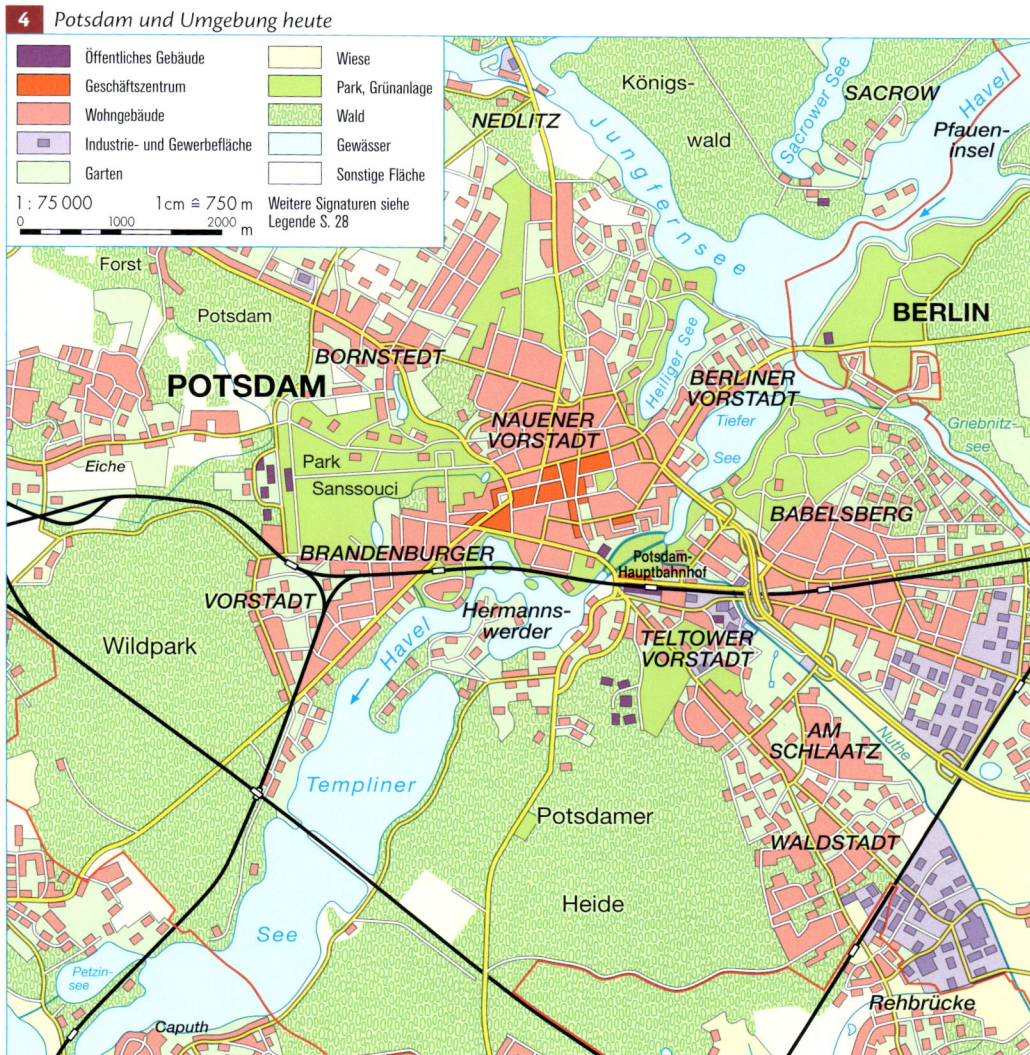

Berlin und sein Umland

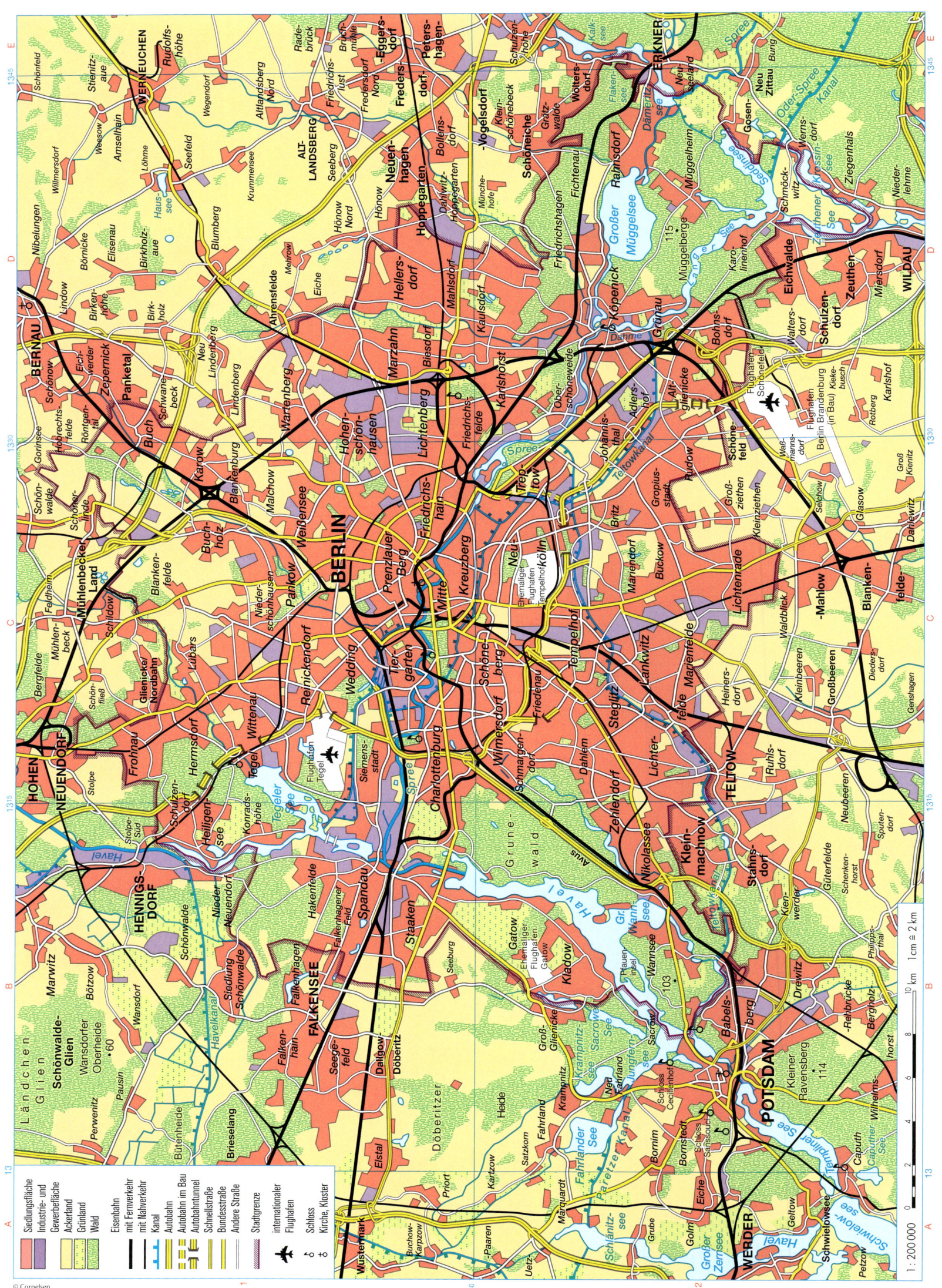

Berlin im Senkrechtluftbild

BRANDENBURG

Innenstadtbebauung · Stadtrandbebauung · Ackerland · Wald · See · Fluss

Das Senkrechtluftbild zeigt einen Ausschnitt des Gebietes, das auf Seite 28 als Karte dargestellt ist. Das Bild setzt sich aus etwa 250 einzelnen Aufnahmen zusammen, die aus ca. 2000 m Höhe aufgenommen wurden. Der Karten- und der Fotomaßstab sind gleich. Zum besseren Orientieren wurde im Senkrechtluftbild die zu Brandenburg gehörende Fläche farblich etwas abgeschwächt.

1. Suche im Senkrechtluftbild den Großen Müggelsee, die Havel, den Tegeler See sowie die Flughäfen Tegel und Schönefeld. Orientiere dich dabei auch an der Karte auf Seite 28.
2. Finde im Senkrechtluftbild andere auffällige Objekte und benenne sie mithilfe der Karte auf Seite 28.

1 Spreebogen mit Bundeskanzleramt

2 Modell des neuen Flughafens BER (ehem. Berlin-Schönefeld)

© Cornelsen

Bundeshauptstadt Berlin

Der Bundestag, das Parlament der Bundesrepublik Deutschland, beschloss am 20. Juni 1991, Berlin zur Bundeshauptstadt auszubauen. Als Standort von Parlament und Bundesregierung wurde der Spreebogen zwischen dem Brandenburger Tor und dem neuen Hauptbahnhof vorgesehen.

Unter den zahlreichen Vorschlägen für die Bebauung dieses Gebietes wurde der Entwurf „Band des Bundes" ausgewählt. Dieses Bebauungsband überbrückt an zwei Stellen die Spree und bildet eine Klammer zwischen den beiden Stadthälften, die über Jahrzehnte durch die Mauer getrennt waren. Zum „Band des Bundes" gehören Büros und Sitzungsräume für die Mitglieder des Bundestages, aber auch das Bundeskanzleramt.

Der Bundestag hat seinen Sitz im alten Reichstagsgebäude, das im Inneren vollkommen umgestaltet wurde. Die Fassade des Gebäudes blieb aber erhalten. Von der gläsernen Kuppel bietet sich ein unvergleichlicher Blick auf das Parlaments- und Regierungsviertel.

Parlament und Bundesregierung nutzen in Berlin sowohl Neu- als auch Altbauten. Einen historischen Altbau bezog auch der Bundesrat, die Vertretung der Länder der Bundesrepublik Deutschland. Der Bundespräsident hat als Dienstsitz das Schloss Bellevue.

Rund um den Tiergarten in Berlins Innenstadt entstanden viele Neubauten. Zu ihnen gehören auch die Umbauungen des Pariser Platzes, des Leipziger Platzes und des Potsdamer Platzes.

1. Ordne die Karten 4 „Regierungsviertel" sowie 5 „Potsdamer Platz und Leipziger Platz" in die Karte 3 „Innenstadt" ein.
2. Stelle eine Liste der Regierungsbauten in der Berliner Innenstadt zusammen. Berücksichtige auch Bundesministerien.
3. Beschreibe die heutige Nutzung von Potsdamer und Leipziger Platz sowie des Pariser Platzes. Lege eine Tabelle an.

1 *Bundeskanzleramt*

2 *Reichstagsgebäude*

3 *Innenstadt*

4 *Regierungsviertel*

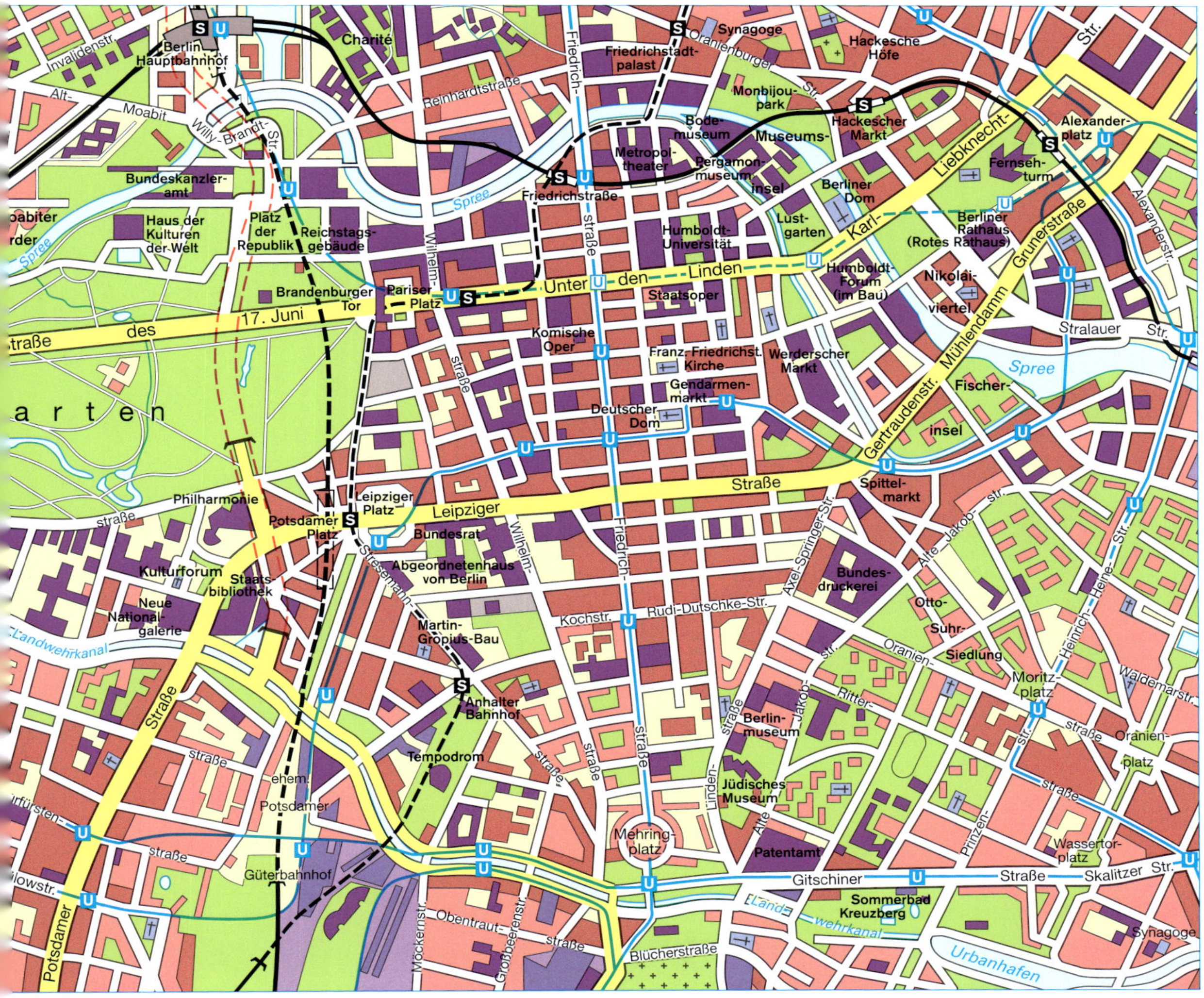

31 BRANDENBURG

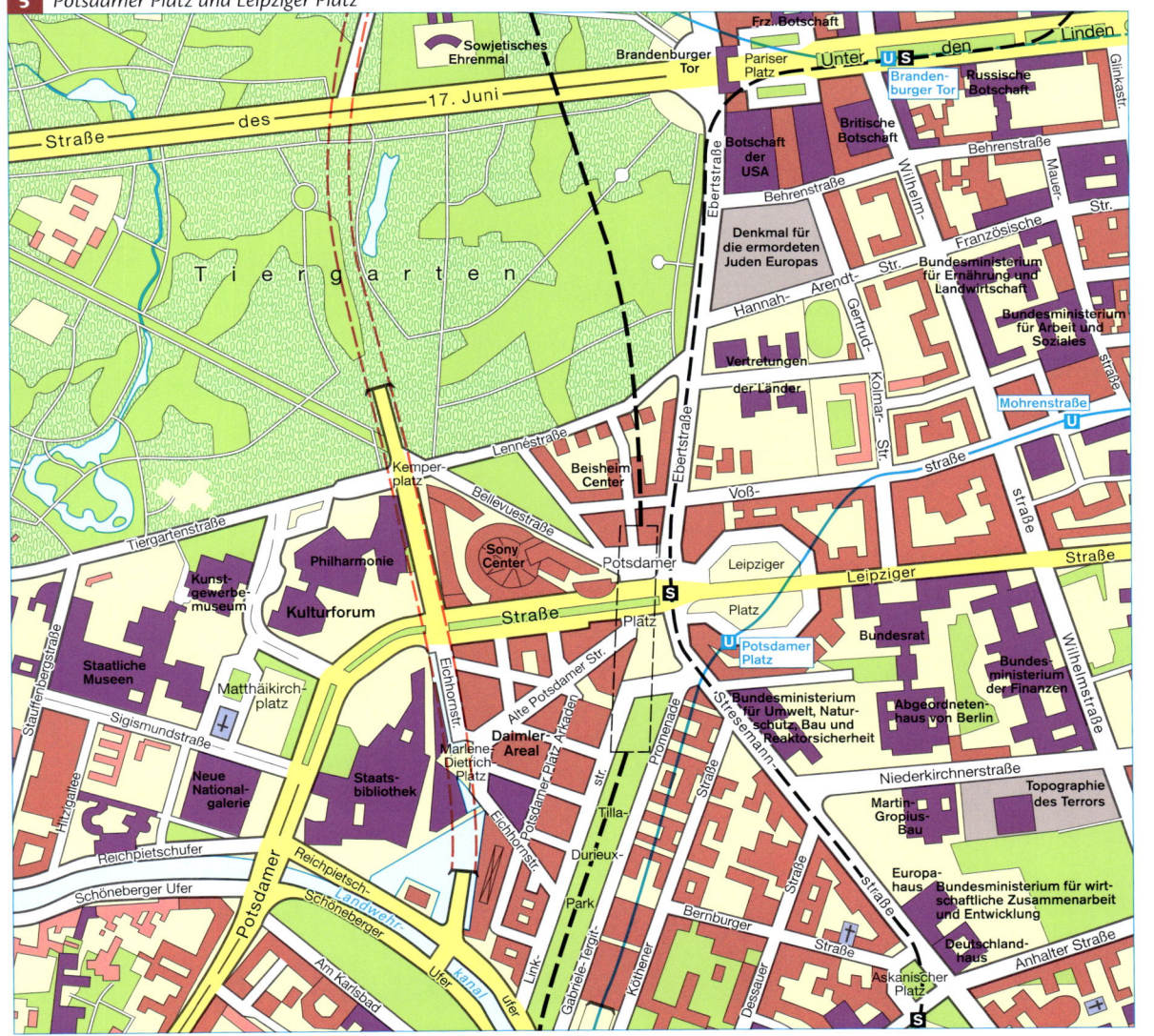

5 Potsdamer Platz und Leipziger Platz

© Cornelsen

1 : 25 000 — 1 cm ≙ 250 m

- Fernbahn mit Bahnhof
- Fernbahn mit Bahnhof (Verlauf im Tunnel)
- S-Bahn mit Bahnhof
- U-Bahn mit Bahnhof
- U-Bahn mit Bahnhof geplant

- Bundesstraße
- Bundesstraße 96
- (Verlauf im Tunnel)
- Sonstige Straße

- Öffentliches Gebäude
- Gemischte Nutzung (Büros, Geschäfte, Wohnen)
- Kirchliche Einrichtung
- Wohngebiet
- Industriegebäude
- Industriegebiet

- Park, Grünanlage
- Friedhof
- Gärten
- Wald
- Sonstige Fläche

Siegessäule mit der Victoria

1 : 10 000 — 1 cm ≙ 100 m

Deutschland: Physische Karte

Deutschland: Wirtschaft

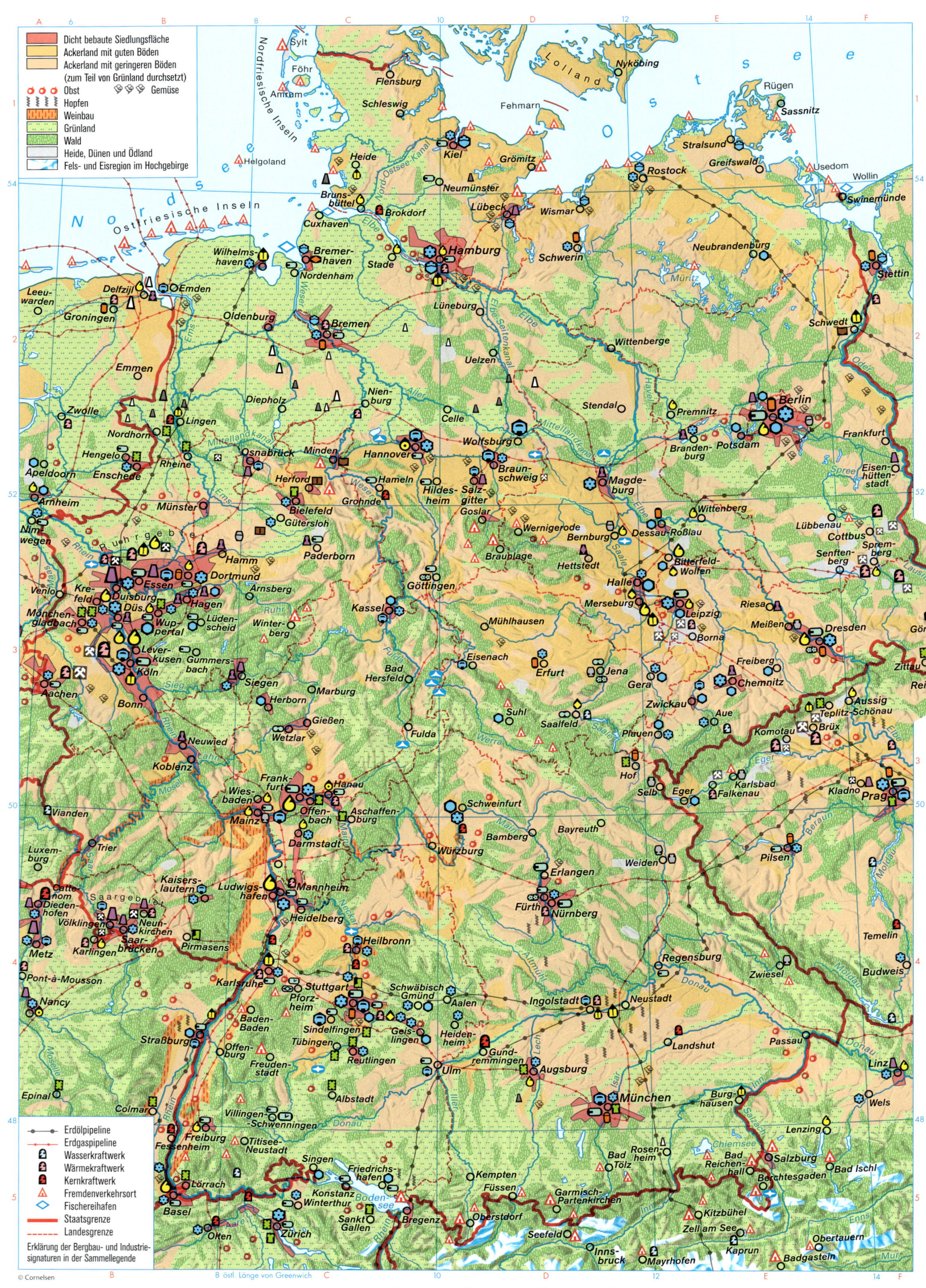

Deutschland: Verkehr

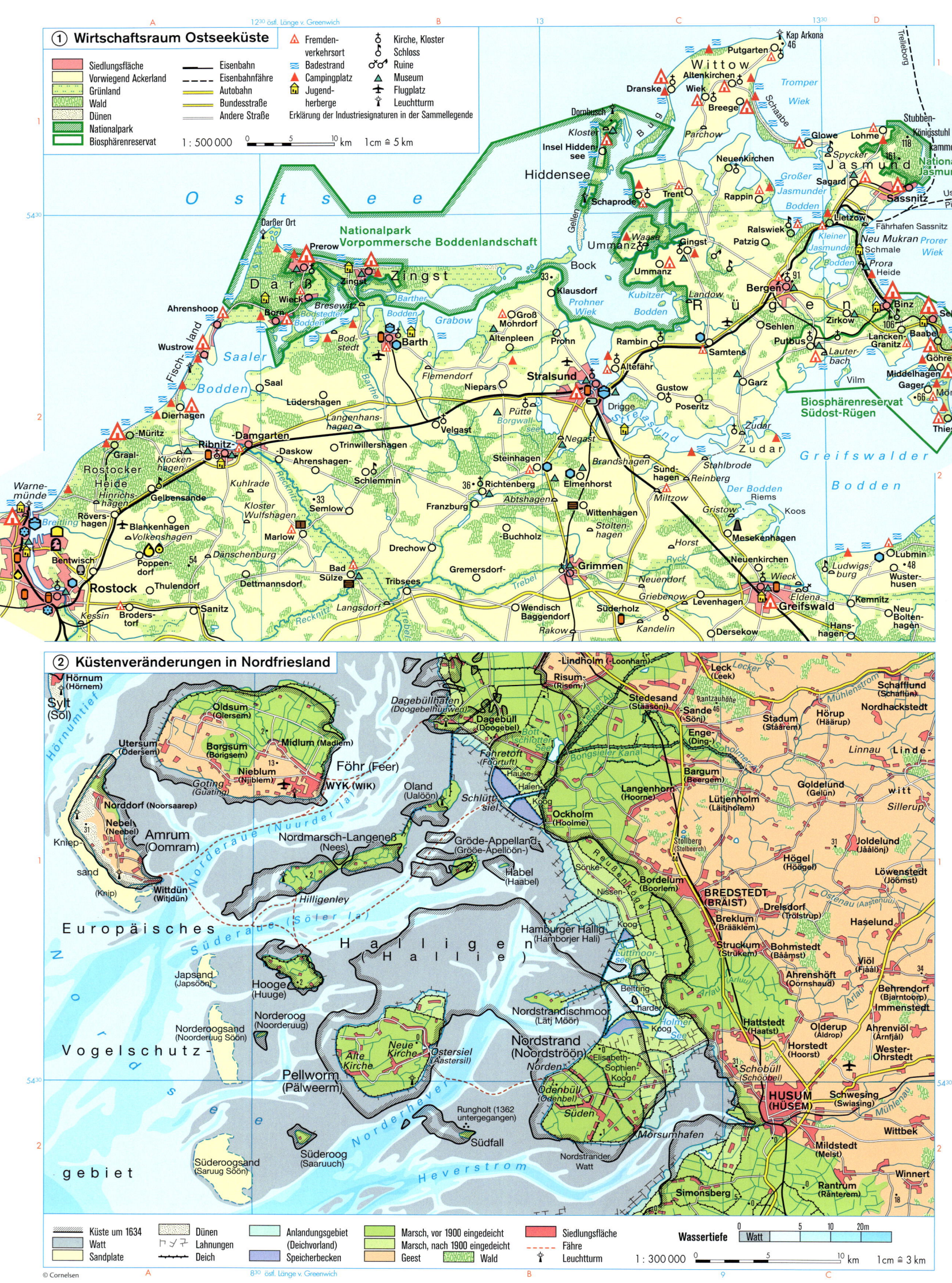

Hafenstädte: Hamburg und Rostock

① Entwicklung und Planung im Hamburger Hafen

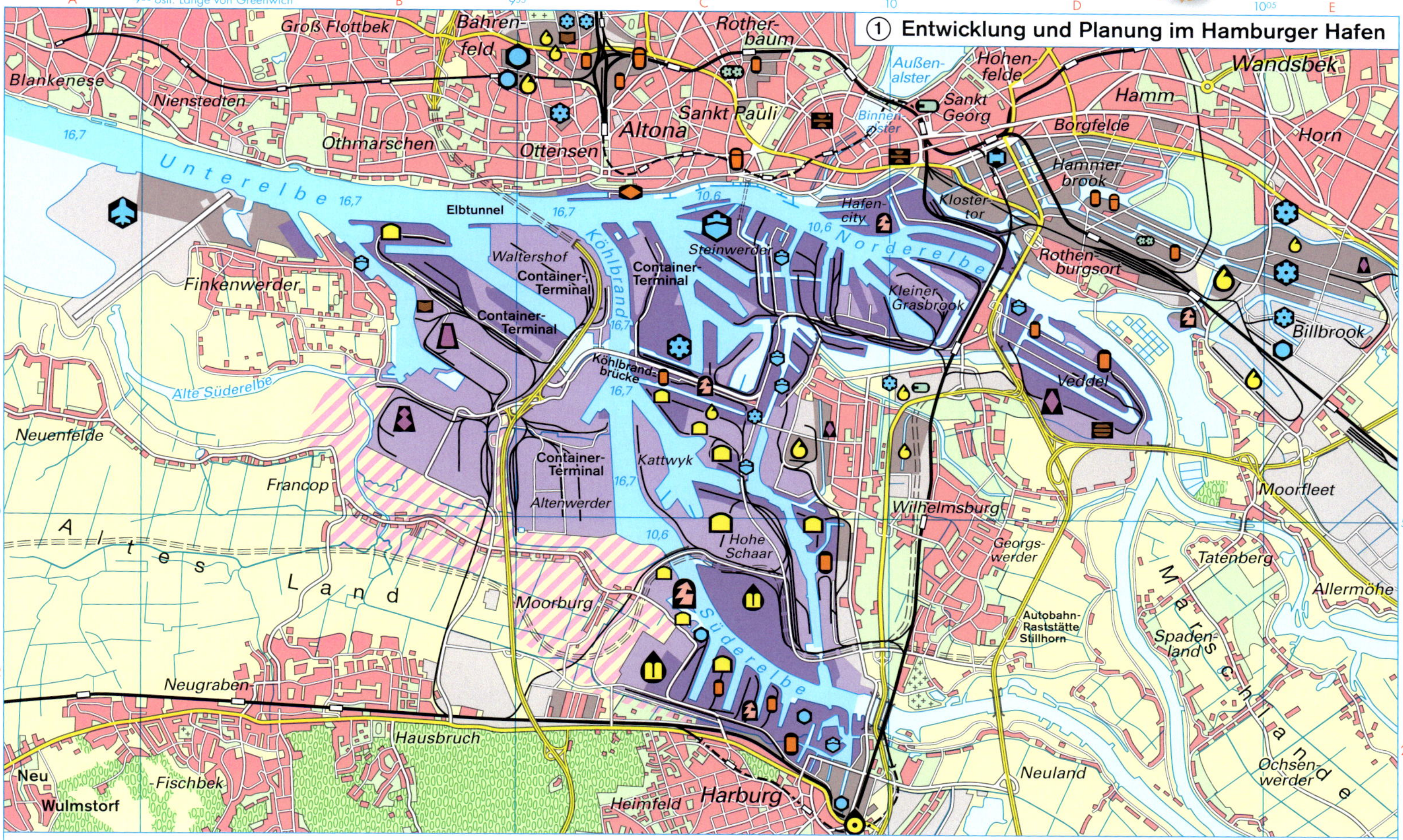

② Stadt- und Hafenentwicklung von Rostock 1950

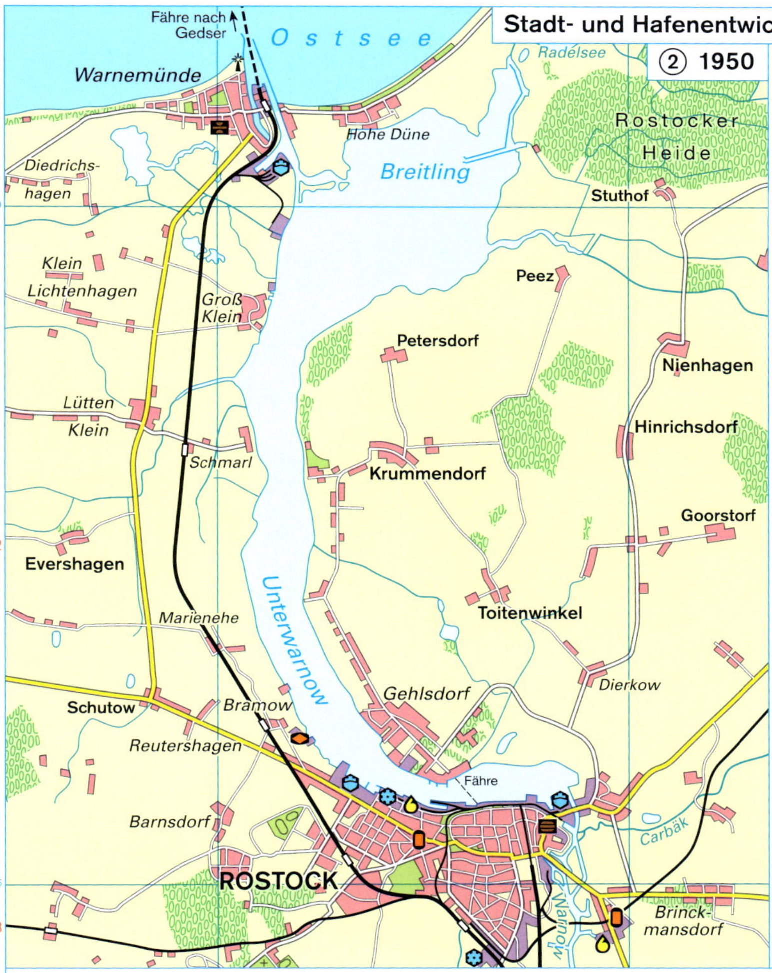

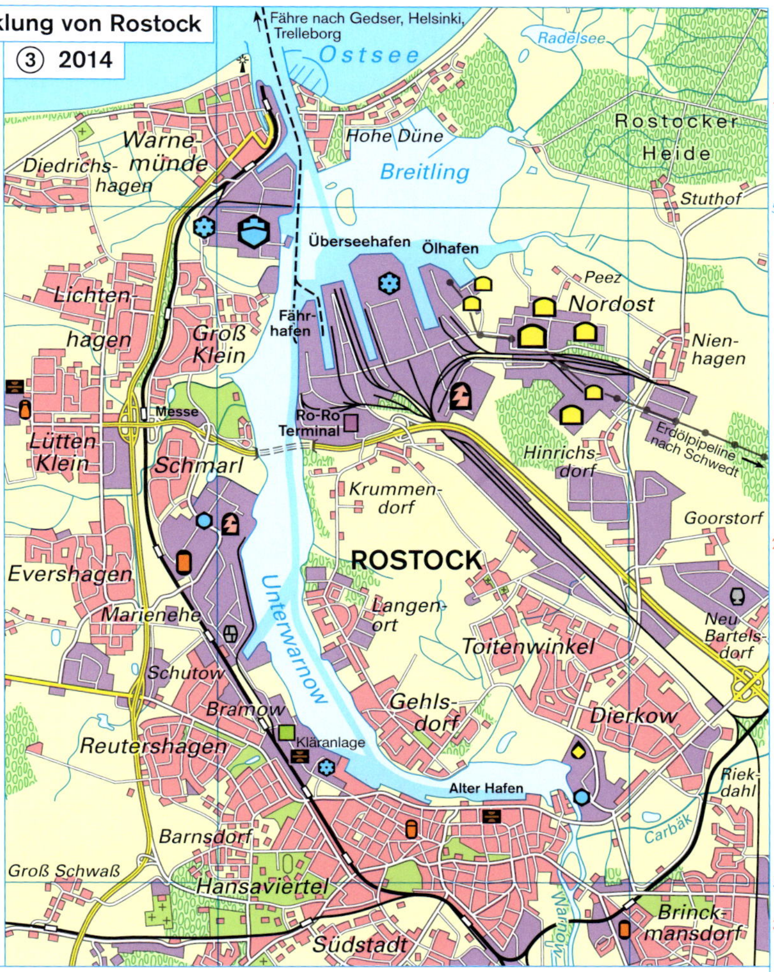

③ 2014

Deutschland: Fremdenverkehr

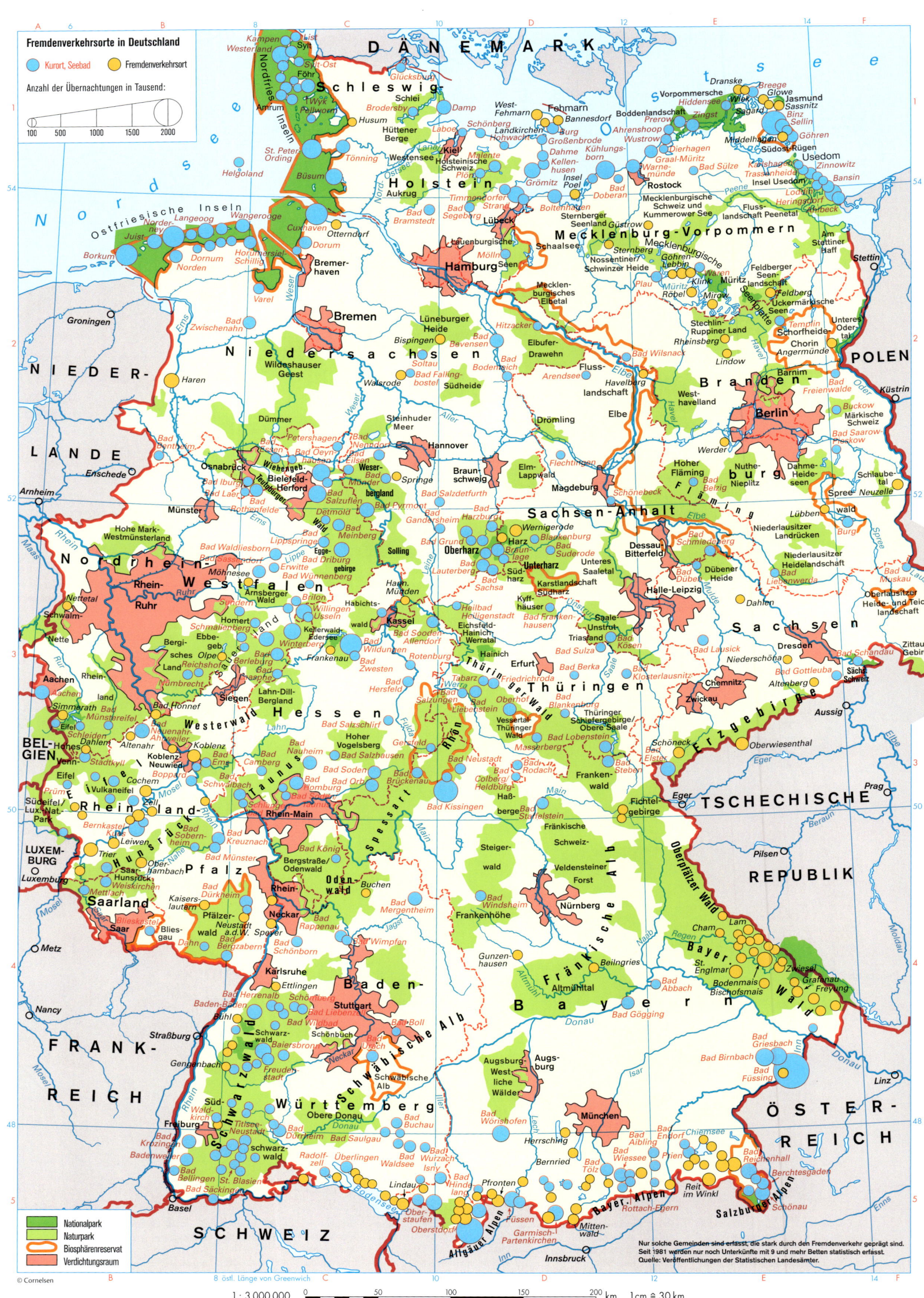

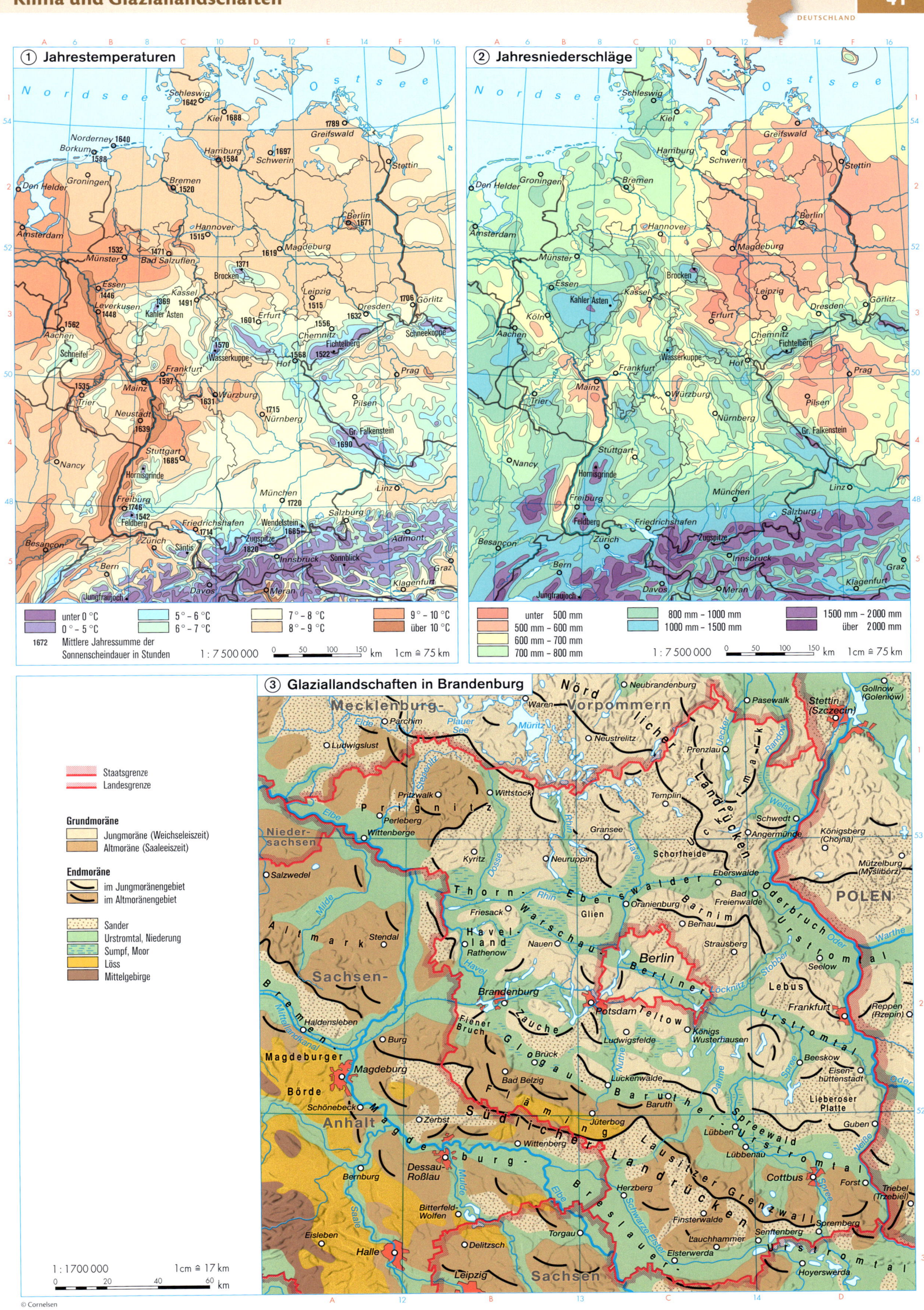

42 Europa: Politische Gliederung

① Staaten in Europa

43 EUROPA

② Politische Gliederung in Mitteleuropa 1949–1990

Grenze zwischen der Bundesrepublik Deutschland und der Deutschen Demokratischen Republik sowie Grenze von Berlin (unter Viermächtestatus)
Grenze des Deutschen Reiches vom 31.12.1937
Staatsgrenze
Grenze zwischen den Sozialistischen Sowjetrepubliken (SSR)

③ Europäische Union 2014

- Staaten der Europäischen Union (EU)
- Staaten mit Beitrittsgesuch
- Staaten mit Assoziationsabkommen
- Staaten der Europäischen Freihandelsassoziation (EFTA)
- Gemeinschaft unabhängiger Staaten im Bereich der ehemaligen Sowjetunion (GUS)
- Staatsgrenze

1 : 30 000 000

44 Europa: Physische Karte

EUROPA

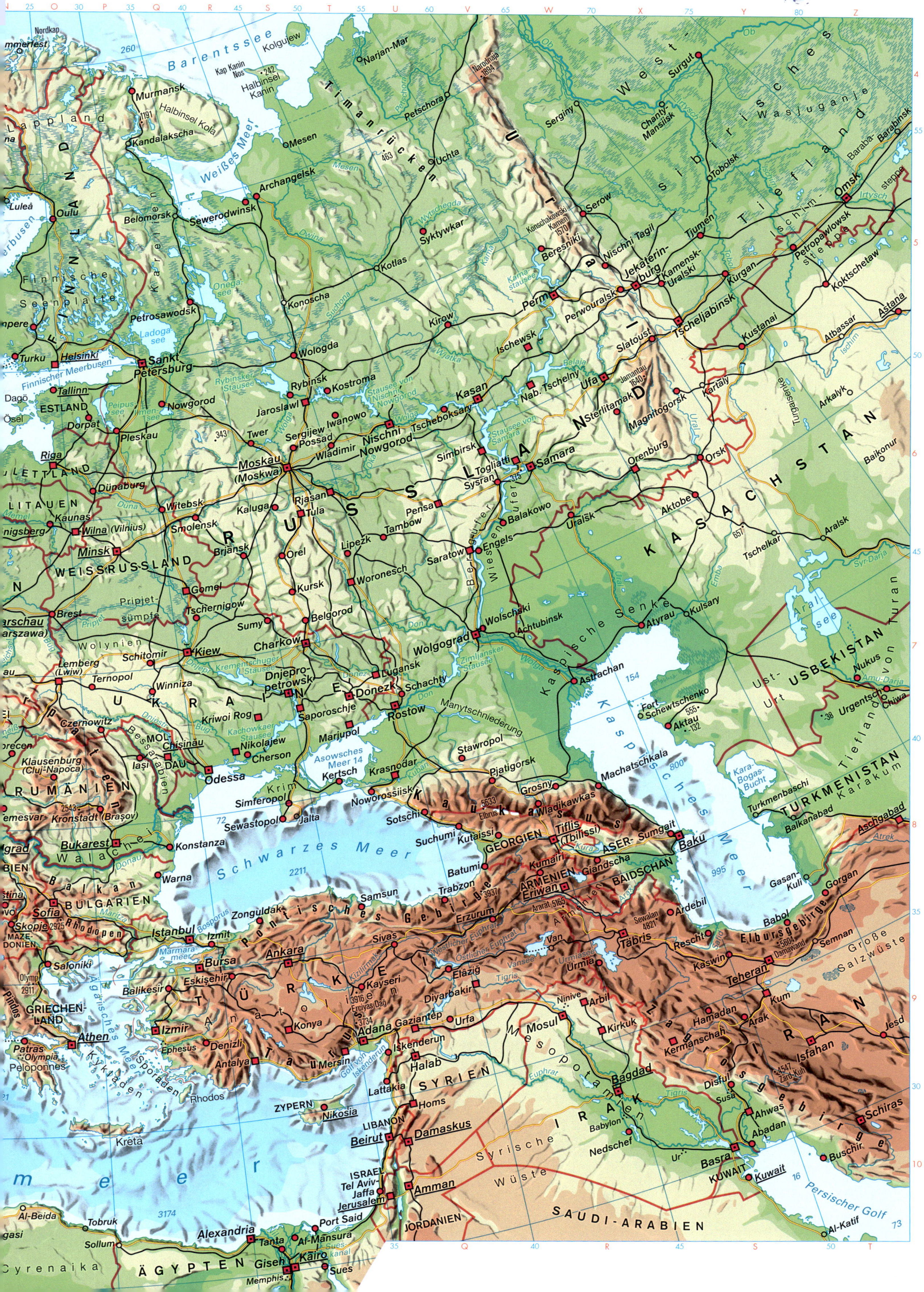

46 Europa: Wirtschaft

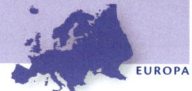

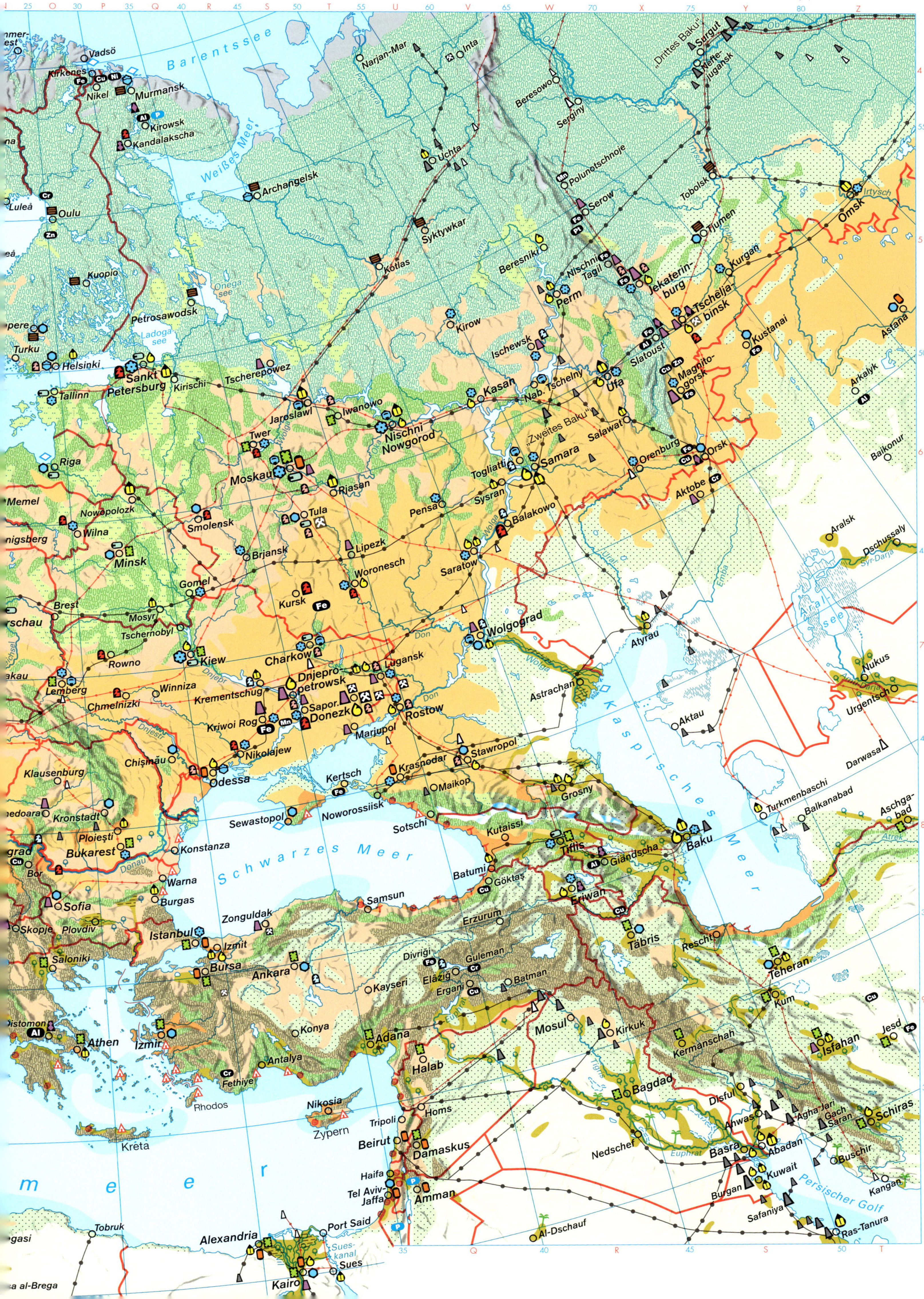
N O P Q R S T U V W X Y Z
25 30 35 40 45 50 55 60 65 70 75 80
Barentssee
Weißes Meer
Vadsö
Kirkenes
Nikel
Murmansk
Kirowsk
Kandalakscha
Narjan-Mar
Inta
Uchta
Beresowo
Serginy
„Drittes Baku“
Surgut
Nefte-jugansk
Archangelsk
Luleå
Oulu
Syktywkar
Polunotschnoje
Serow
Tobolsk
Tjumen
Omsk
Irtysch
Kuopio
Kotlas
Beresniki
Nischni Tagil
Jekaterin-burg
Kurgan
Petrosawodsk
Onega-see
Ladoga-see
Turku
Helsinki
Sankt Petersburg
Kirischi
Tscherepowez
Kirow
Perm
Tscheljabinsk
Kustanai
Astana
Tallinn
Ischewsk
Nab. Tschelny
Ufa
Slatoust
Magnito-gorsk
Arkalyk
Jaroslawl
Iwanowo
Kasan
Twer
Nischni Nowgorod
„Zweites Baku“
Salawat
Orenburg
Orsk
Riga
Moskau
Rjasan
Togliatti
Samara
Sysran
Baikonur
Memel
Nowopolozk
Wilna
Smolensk
Tula
Pensa
Balakowo
Aktobe
Königsberg
Minsk
Brjansk
Lipezk
Saratow
Aralsk
Dschussaly
Syr-Darja
Gomel
Woronesch
Kursk
Brest
Mosyr
Tschernobyl
Warschau
Wolgograd
Atyrau
Aralsee
Nukus
Urgentsch
Rowno
Kiew
Charkow
Lugansk
Lemberg
Winniza
Chmelnizki
Krementschug
Dnjepropetrowsk
Sapor.
Donezk
Rostow
Astrachan
Kaspisches Meer
Aktau
Kriwoi Rog
Nikolajew
Mariupol
Chişinău
Odessa
Kertsch
Krasnodar
Stawropol
Klausenburg
Maikop
Grosny
Darwasa
Turkmenbaschi
Balkanabad
Aschgabad
Kronstadt
Ploieşti
Bukarest
Sewastopol
Noworossiisk
Sotschi
Kutaissi
Tiflis
Gändscha
Baku
Konstanza
Schwarzes Meer
Batumi
Göktaş
Warna
Burgas
Sofia
Samsun
Eriwan
Bor
Skopje
Plovdiv
Zonguldak
Erzurum
Täbris
Rescht
Istanbul
Izmit
Bursa
Ankara
Divrigi
Elâzig
Ergani
Guleman
Batman
Teheran
Saloniki
Kayseri
Kum
Athen
Izmir
Konya
Adana
Mosul
Kirkuk
Kermanschah
Isfahan
Jesd
Antalya
Fethiye
Halab
Bagdad
Rhodos
Nikosia
Zypern
Homs
Tripoli
Beirut
Damaskus
Disful
Ahwas
Agha Jari
Gach Saran
Schiras
Kreta
Nedschef
Euphrat
Basra
Abadan
Buschir
Haifa
Tel Aviv-Jaffa
Amman
Kuwait
Burgan
Persischer Golf
Kangan
Safaniya
Ras-Tanura
Port Said
Tobruk
Alexandria
Sueskanal
Sues
Kairo
Al-Dschauf
Mittelmeer

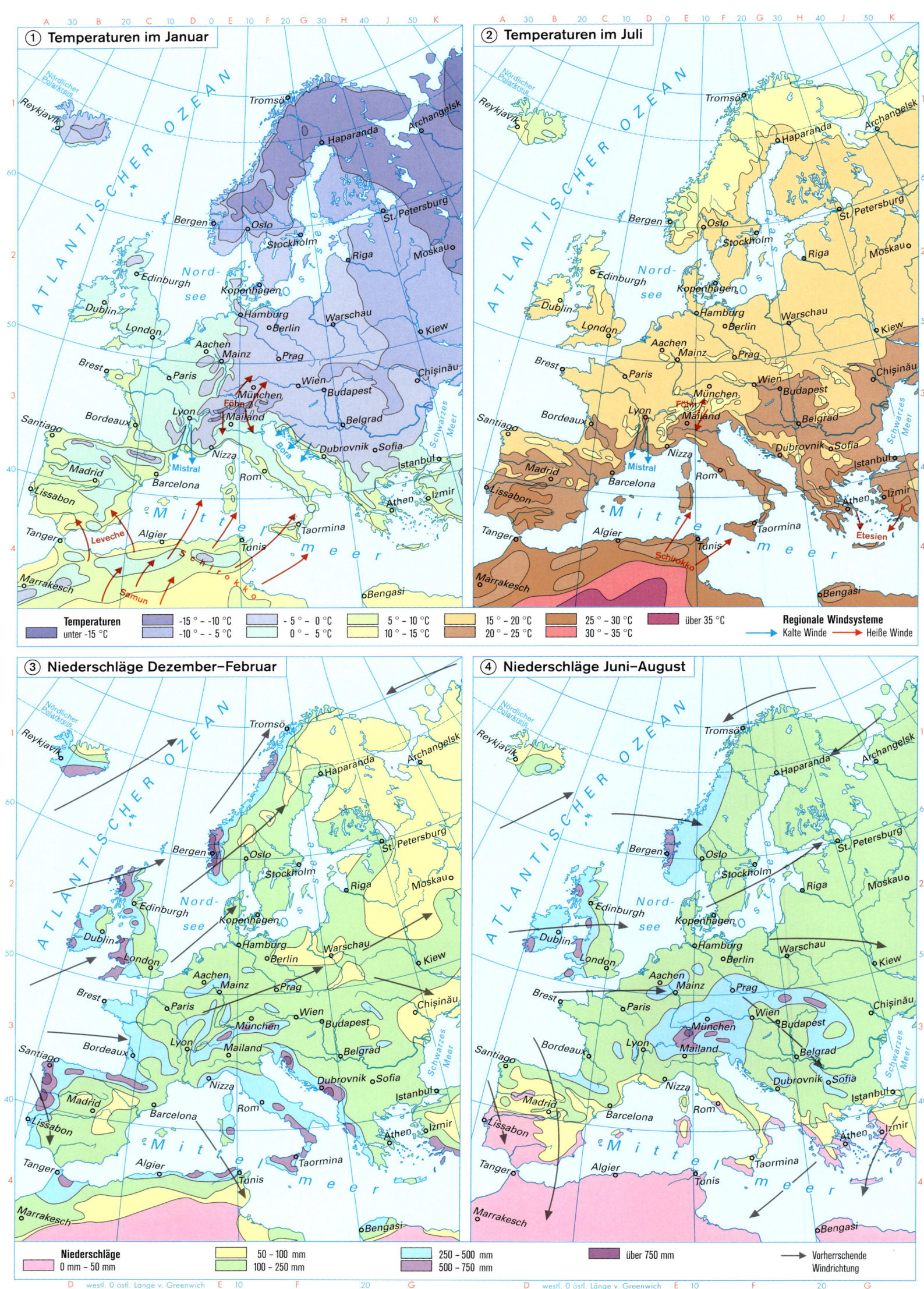

Europa: Letzte Inlandvereisung, Erdbeben und Vulkane

1 Europa während der letzten Eiszeit

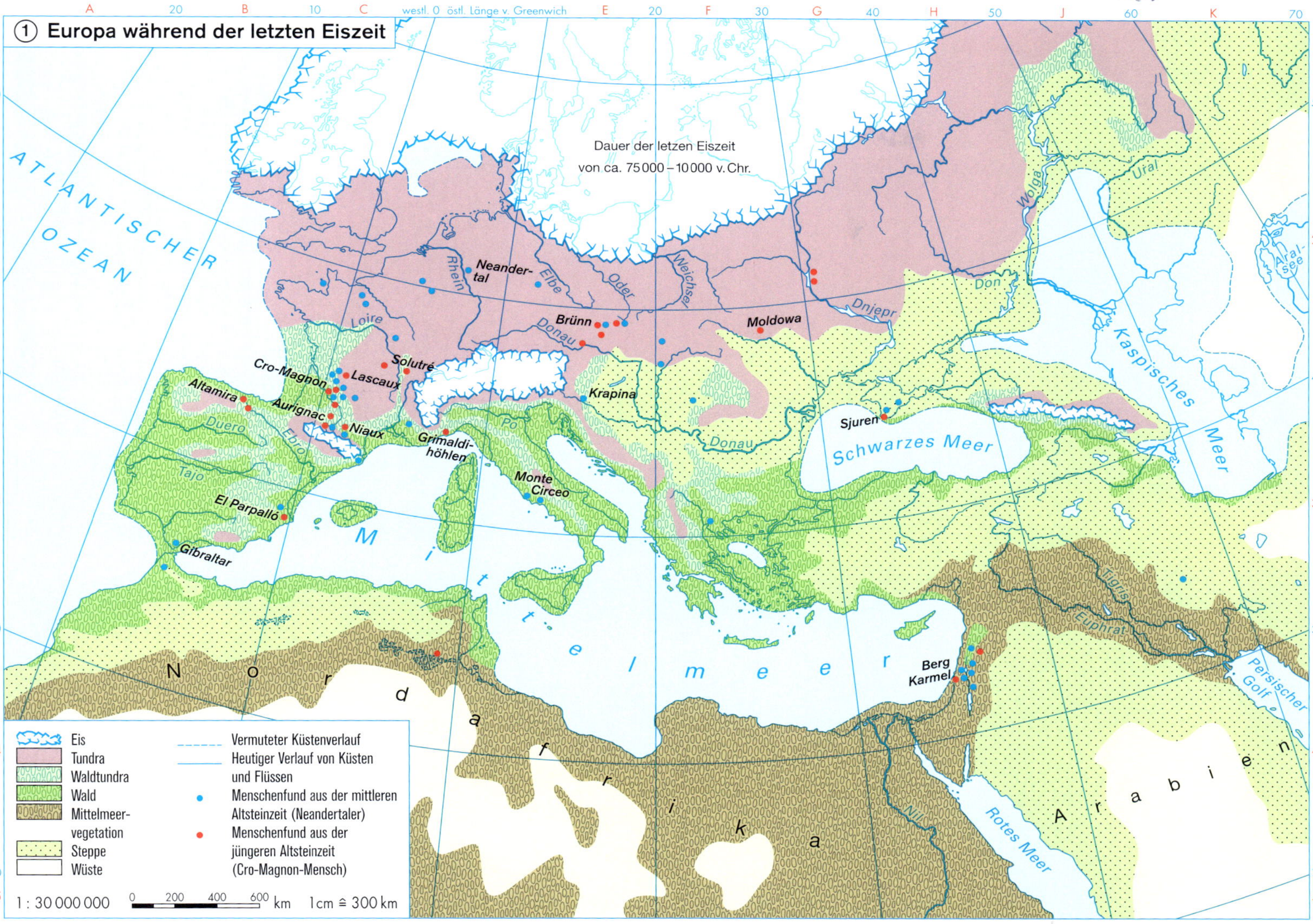

Dauer der letzten Eiszeit von ca. 75 000 – 10 000 v. Chr.

Legende:
- Eis
- Tundra
- Waldtundra
- Wald
- Mittelmeervegetation
- Steppe
- Wüste
- – – – Vermuteter Küstenverlauf
- —— Heutiger Verlauf von Küsten und Flüssen
- • Menschenfund aus der mittleren Altsteinzeit (Neandertaler)
- • Menschenfund aus der jüngeren Altsteinzeit (Cro-Magnon-Mensch)

1 : 30 000 000   1 cm ≙ 300 km

2 Erdbeben und Vulkane

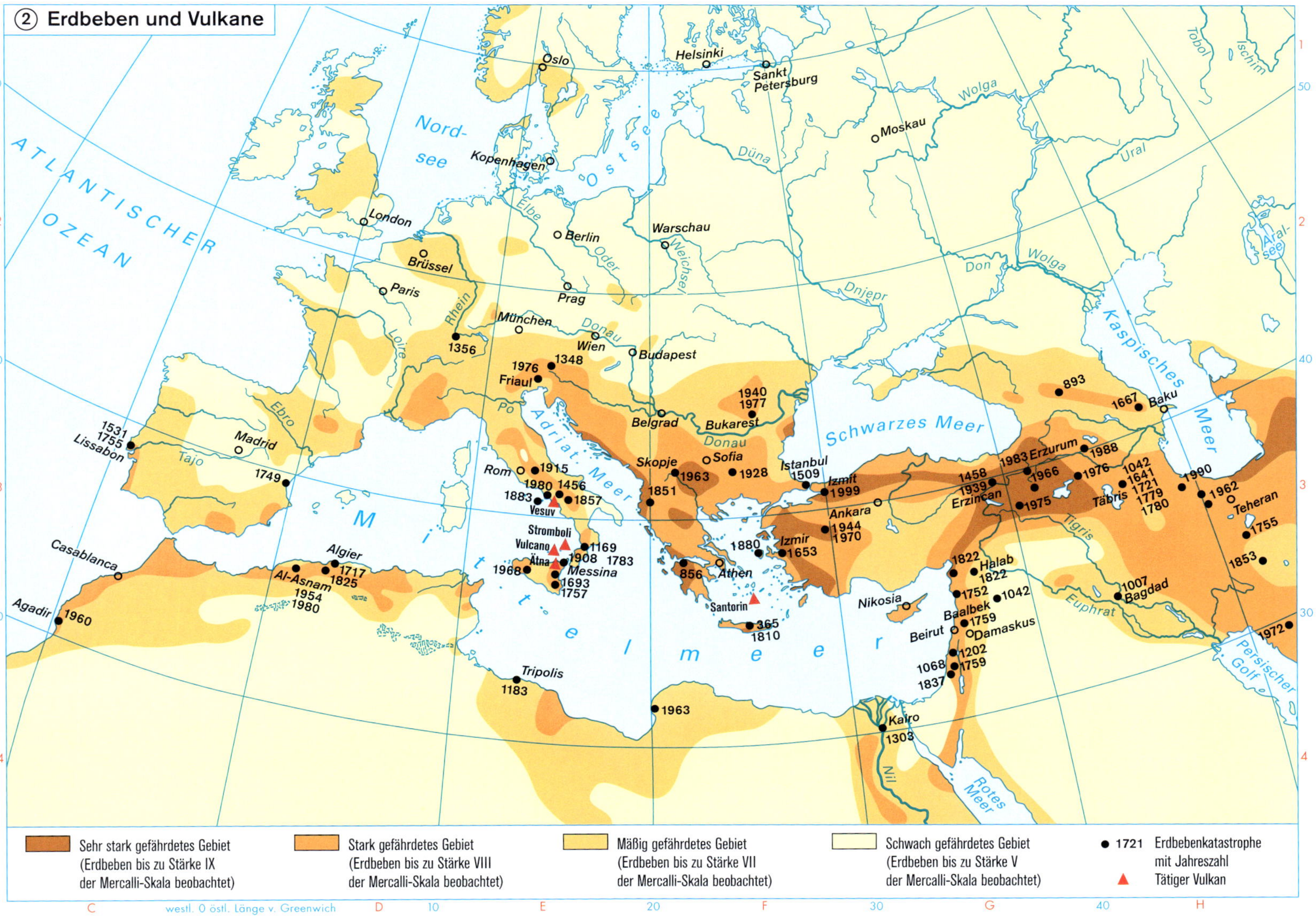

Legende:
- Sehr stark gefährdetes Gebiet (Erdbeben bis zu Stärke IX der Mercalli-Skala beobachtet)
- Stark gefährdetes Gebiet (Erdbeben bis zu Stärke VIII der Mercalli-Skala beobachtet)
- Mäßig gefährdetes Gebiet (Erdbeben bis zu Stärke VII der Mercalli-Skala beobachtet)
- Schwach gefährdetes Gebiet (Erdbeben bis zu Stärke V der Mercalli-Skala beobachtet)
- • 1721 Erdbebenkatastrophe mit Jahreszahl
- ▲ Tätiger Vulkan

1 : 30 000 000   1 cm ≙ 300 km

© Cornelsen

Mitteleuropa: Physische Karte

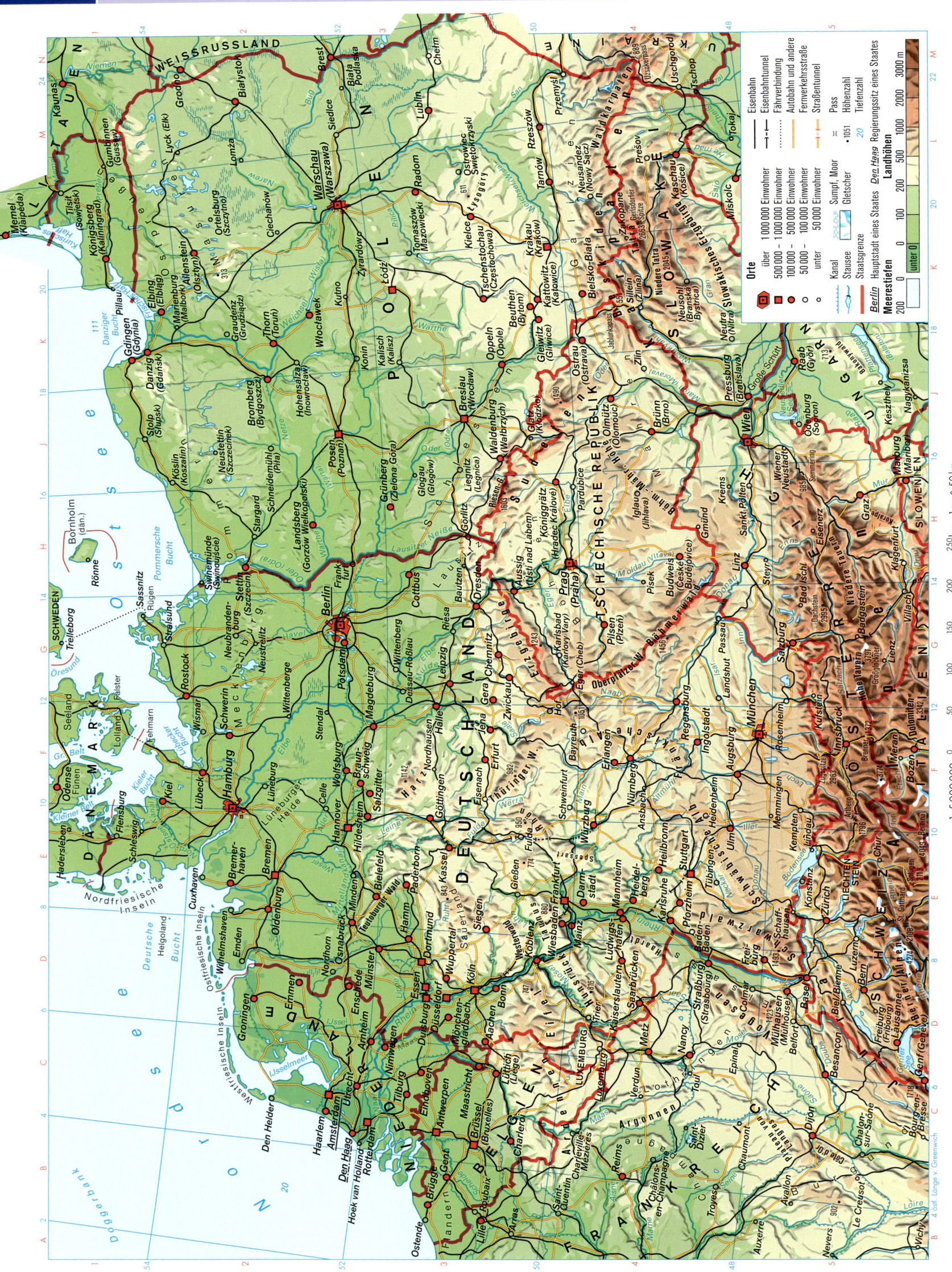

Mitteleuropa: Wirtschaft

Alpenländer: Physische Karte

Nordeuropa: Physische Karte

56 Frankreich und Beneluxländer: Physische Karte

Spanien und Portugal: Physische Karte

EUROPA

57

58 Italien und Südosteuropa: Physische Karte

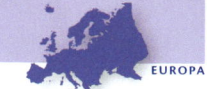

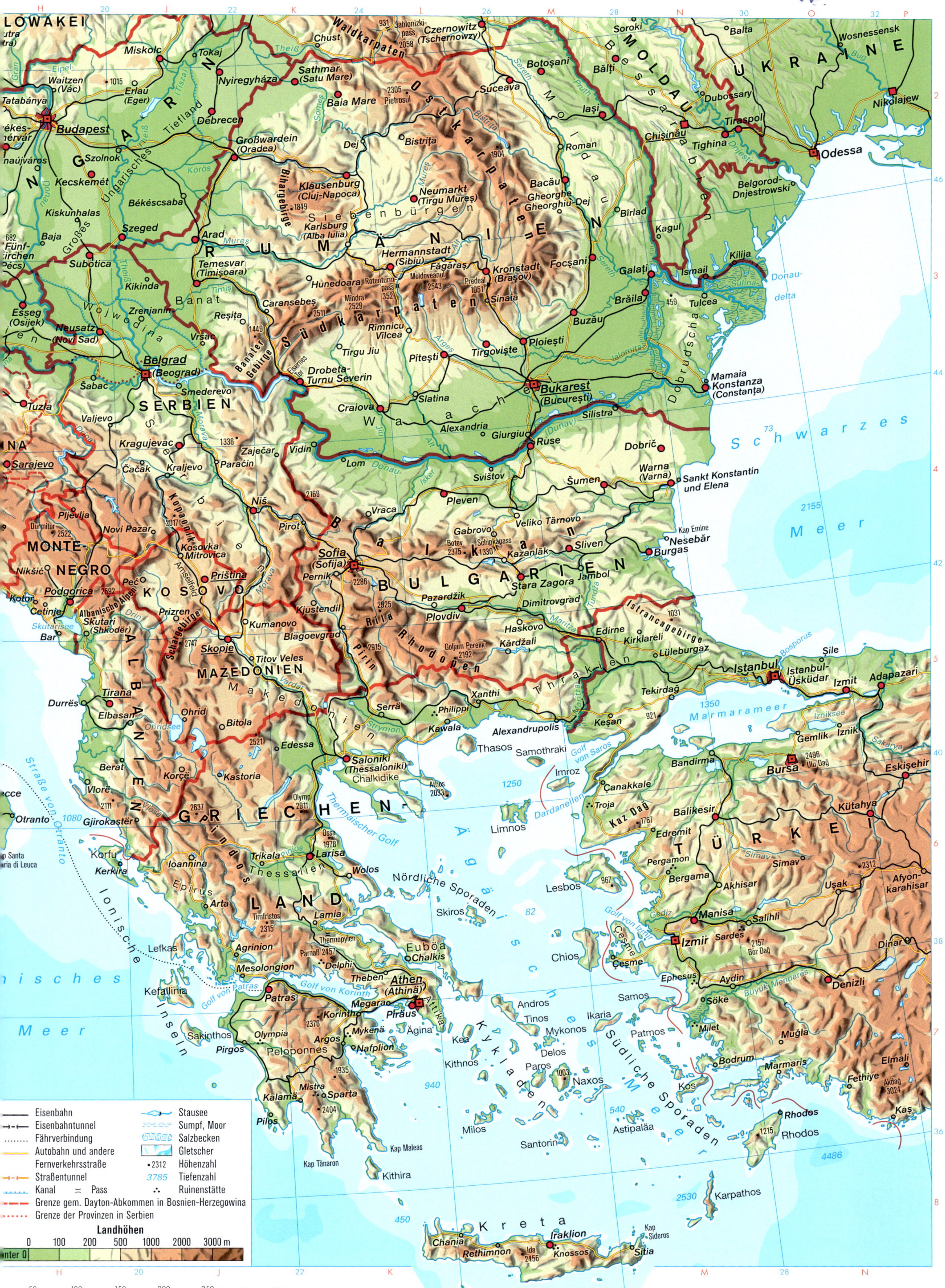

50 100 150 200 250 km 1 cm ≙ 50 km

60 Türkei: Physische Karte

Europäische Hauptstädte

1 *Paris (Frankreich), Blick zum Arc de Triomphe*

Der Eiffelturm, das Wahrzeichen von Paris, wurde von 1887 bis 1889 erbaut. Er hat eine Höhe von 320 m. Bei klarer Sicht kann man von der Aussichtsplattform bis zu 70 km weit sehen.

2 *Kopenhagen (Dänemark), Promenade im Nyhavn*

Die Kleine Meerjungfrau ist mit einer Größe von nur 125 cm das Wahrzeichens Kopenhagens. Sie verkörpert eine Märchenfigur des Dichters Hans Christian Andersen.

3 *Brüssel (Belgien), die Grand' Place*

Das Atomium ist das Wahrzeichen der Weltausstellung von 1958 in Brüssel. Das Bauwerk verkörpert eine 165-milliardenfache Vergrößerung einer Eisen-Kristallstruktur.

4 *Budapest (Ungarn), Parlamentsgebäude an der Donau*

Am östlichen Ende des etwa 60 m hohen Burgberges thront die Fischerbastei, das Wahrzeichen Budapests. Das Bauwerk ist aus weißem Sandstein errichtet.

5 *London (Großbritannien), Palace of Westminster mit Big Ben*

Die Tower Bridge wurde 1894 eröffnet. Sie ist eine Klappbrücke, die mit 224 m Länge die Themse überquert.

6 *Rom (Italien), Blick von der Kuppel des Petersdom*

Das Kolloseum ist das Wahrzeichens der Stadt Rom. Es ist das größte Amphitheater, das im antiken Rom erbaut wurde. Seine Bauzeit lag zwischen 72 und 80 n. Chr.

Erde: Staaten, Kontinente, Klimazonen

63 WELT

③ Klimazonen

Maßstab 1 : 80 000 000

Maßstab 1 : 240 000 000

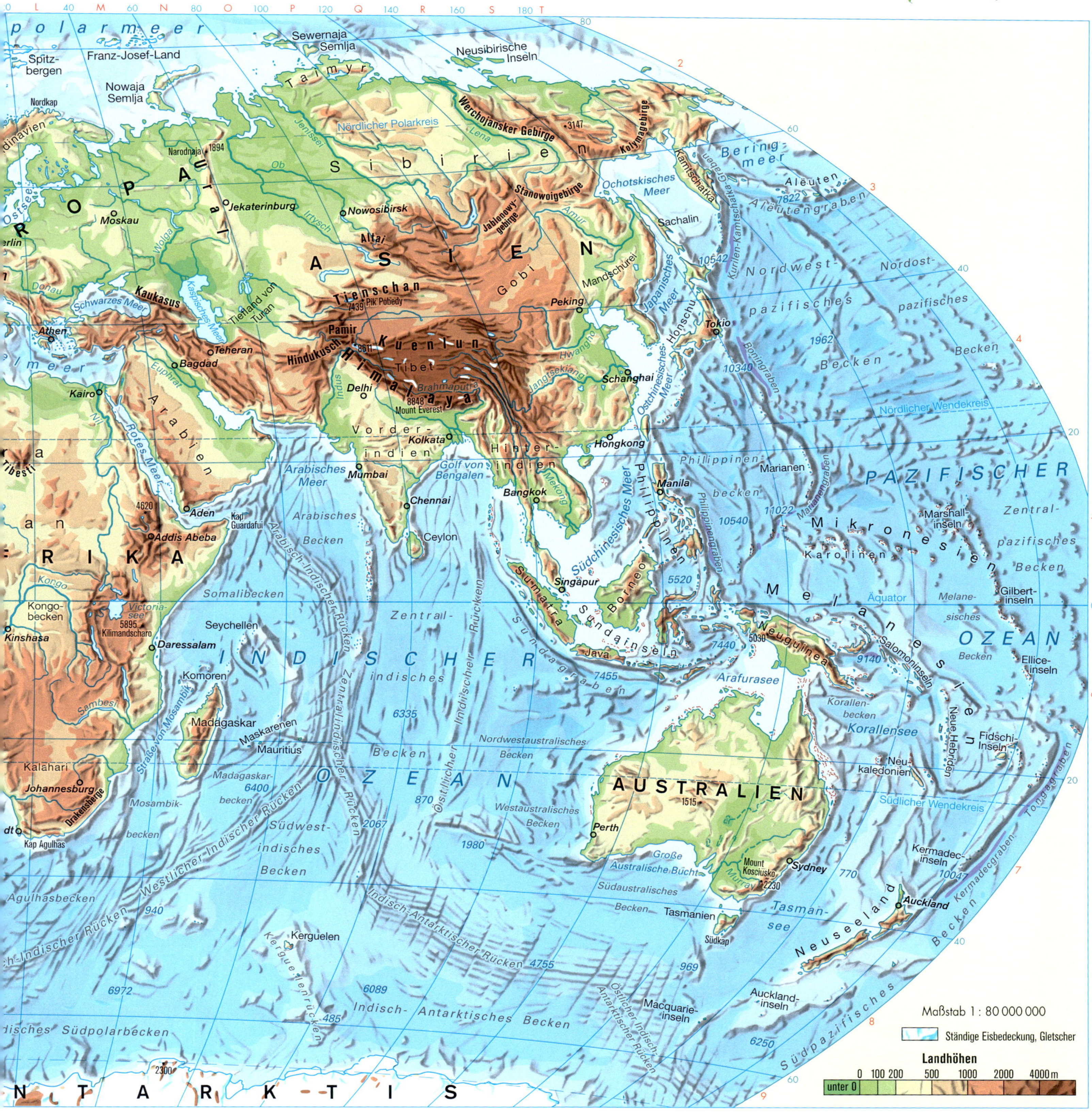

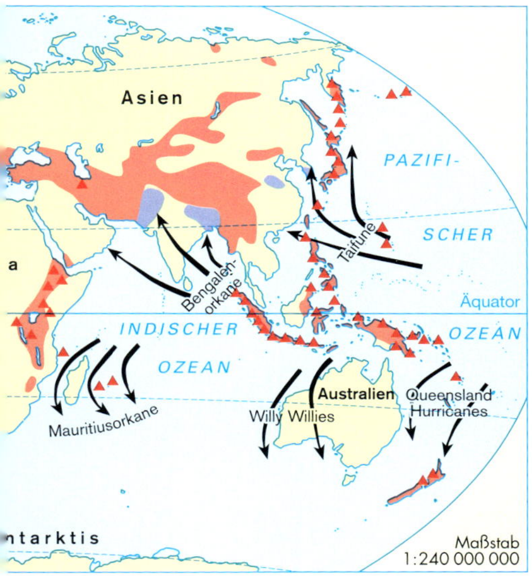

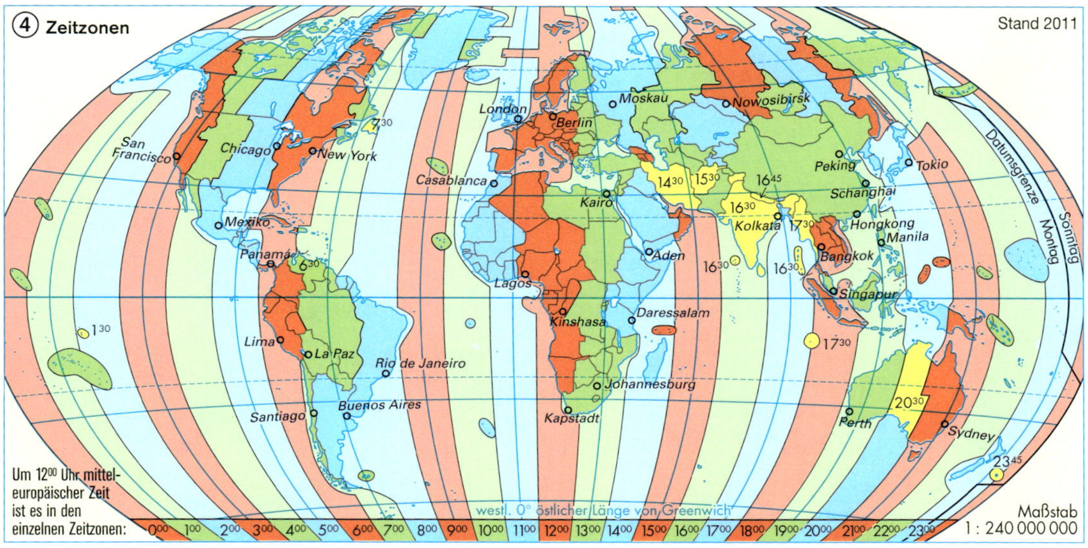

Geographische Rekorde

Unsere Erde birgt viele Besonderheiten, die man nicht immer auf den ersten Blick erkennt. Sie ist ein echter Weltmeister von Rekorden, nicht nur solcher, die die Natur selbst hervorgebracht hat oder noch hervorbringt, sondern auch solcher, die der Mensch geschaffen hat. Einige Rekorde sind hier festgehalten. Sicher findest du noch mehr.

Höchster Berg
Deutschlands	Zugspitze (Alpen; an der Grenze zu Österreich) 2962 m; Erstbesteigung 1820	
Europas	Montblanc (Alpen; Frankreich/Italien) 4807 m; Erstbesteigung 1786	
der Welt	Mt. Everest (Himalaya; Nepal, an der Grenze zu Tibet) 8848 m; Erstbesteigung 1953	

Größte Sandwüste der Erde
ist die Wüste Rub Al Khali auf der Arabischen Halbinsel. Sie umfasst eine Fläche von 700 000 km².

Größte Trockenwüste der Erde
Sahara   7,82 Mio. km² (Afrika)

Längster Fluss
Deutschlands	Rhein	865 km (Länge in Deutschland)
Europas	Wolga	3685 km
der Welt	Nil	6671 km (mit Kagera)

Gewaltigster Strom
der Erde ist der Amazonas (Südamerika). Mit über 1000 Nebenflüssen umfasst sein Einzugsgebiet etwa 8000 km². Der Fluss ist bis zu 20 km breit und ca. 100 m tief. Insgesamt hat er eine geschätzte Länge von 6500 km.

Flächengrößter Binnensee
Deutschlands	Bodensee	536 km² (Baden-Württemberg und Bayern)
Europas	Ladogasee	18 130 km² (Russland)
der Welt	Kaspisches Meer	393 898 km² (Asien)

Tiefster Binnensee
Deutschlands	Bodensee	252 m (Baden-Württemberg und Bayern)
Europas	Hornindalsvatnet	514 m (Norwegen)
der Welt	Baikalsee	1637 m (Asien)

Größter Ozean
Pazifischer Ozean (Pazifik)   179,389 Mio. km²

Größte Meerestiefe
Marianengraben   11 034 m (Pazifischer Ozean)

Größte Insel
Deutschlands	Rügen	926 km² (Mecklenburg-Vorpommern)
Europas	Großbritannien	219 000 km² (Westeuropa)
der Welt	Grönland	2 166 086 km² (Nordpolarmeer)

Größte städtische Ballungen (2007)
Deutschlands	Rhein-Ruhr	11 805 887 Einwohner
Europas	Moskau (Russland)	14 612 602 Einwohner
der Welt	Tokio-Jokohama (Japan)	37 027 734 Einwohner

Höchstes Gebäude
Deutschlands	Fernsehturm (Berlin)	368 m (1965–1969 erbaut)
Europas	Fernsehturm Ostankino (Moskau)	540 m (1959–1967 erbaut)
der Welt	Burdsch Chalifa (Dubai) Hochhaus mit 189 Etagen (Vereinigte Arabische Emirate)	828 m (2004–2010 erbaut)

Höchstgelegene Stadt
Deutschlands	Oberwiesenthal	914 m (Erzgebirge)
Europas	Davos	1560 m (Schweiz)
der Welt	Wentschuan	5100 m (Tibet)

Höchstgelegene Eisenbahn der Welt
fährt in Tibet (China). Die Strecke der Tibet-Bahn ist 1142 km lang, davon befinden sich 980 km in Höhen über 4000 m. Den höchsten Punkt erreicht die Bahn bei 5072 m, der höchstgelegene Bahnhof ist in 5068 m Höhe.

Längste Stadtstraße der Welt
gibt es in der argentinischen Hauptstadt Buenos Aires. Sie ist 40 km lang und führt an 40 000 Hausnummern vorbei.

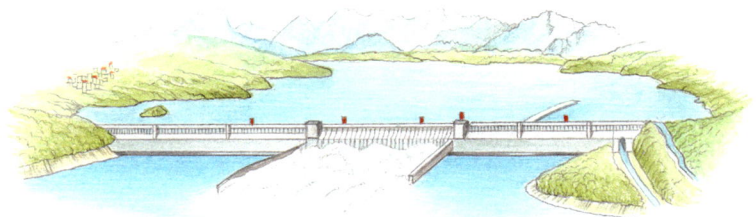

Größtes Wasserkraftwerk der Welt
ist gegenwärtig in China im Bau. Das Drei-Schluchten-Projekt am Jangtsekiang begann 2003 mit der Energieproduktion. Es überragt mit einer Kapazität von 18 200 Megawatt sogar das bisher weltgrößte Wasserkraftwerk von Itaipú (Brasilien).

Wie du das Namenregister nutzt.

Das Namenregister enthält alle Namen von Orten, Gewässern, Landschaften, Gebirgen, Bergen, Staaten und Verwaltungsgebieten, die in den Karten dieses Atlas vorkommen. Alle Namen sind nach dem Alphabet geordnet. Hinter jedem Namen steht im Register die Zahl der **Kartenseite**, auf welcher du das Objekt leicht finden kannst. Suchst du beispielsweise die Stadt *Kyritz*, dann liest du die Seitenzahl 14/15. Auf dieser Kartenseite findest du den Namen und das Ortszeichen für Kyritz. Du benötigst aber noch eine genauere **Lageangabe** zum Aufsuchen des Ortes.

Dazu sind die Karten durch feine blaue Linien in einzelne Felder unterteilt. Es sind senkrecht und waagerecht verlaufende Gradnetzlinien, die **Gradnetzfelder** bilden. Die Gradnetzfelder sind am oberen und unteren Kartenrand mit **roten Buchstaben** gekennzeichnet. Am linken und rechten Rand stehen **rote Zahlen.**

Im Register siehst du hinter Kyritz und der Seitenzahl 14/15 die Angabe E 3. Dies bedeutet, dass der Ortsname Kyritz in dem Feld E (senkrechter Streifen) und 3 (waagerechter Streifen) auf der Karte zu finden ist.

Wenn sich der Name durch mehrere Felder zieht, sind **alle Felder** angegeben, zum Beispiel *Straße von Gibraltar* 44/45 GH 8. Sind mehrere Karten auf einer Seite, wird auch die Kartennummer aufgeführt, zum Beispiel *Delhi (Indien)* 62/63.1 N 4.

A

Aarau 52/53 EF 3
Aare, Fluss 52/53 F 3
Aarhus 54 D 4
Abadan 44/45 S 9
Abbeville (Frankreich) 56 E 2
Aberdeen (Schottland) 55 EF 3
Abisko 54 EF 2
Abrantes 57 BC 3
Abruzzen 58/59 E 4/5
Abtsdorf 18/19 B 3
Abu-Kemal 60 EF 3
Achtubinsk 44/45 S 6
Adamello 52/53 H 4
Adana 60 E 2
Adapazari 60 D 1
Adda 58/59 C 2
Addis Abeba (Äthiopien) 62/63.1 L 5
Adelsberg (Slowenien) 52/53 LM 5
Adour 56 D 6
Adria, Stadt 52/53 JK 5
Adriatisches Meer 44/45 LM 7
Adula 52/53 FG 4
Afghanistan 62/63.1 N 4
Afrika 64/65.1 K-M 5
Afyonkarahisar 60 D 2
Agadir 44/45 FG 9
Ägadische Inseln 58/59 DE 6/7
Ägäisches Meer 44/45 NO 7/8
Agen 56 E 5
Agha Jari 46/47 ST 9
Ägina 58/59 K 7
Agrigento 58/59 E 7
Agrinion 58/59 J 6
Aguilas 57 F 4
Ägypten 62/63.1 L 4
Ahlsdorf 18/19 D 3
Ahrensdorf, Ludwigsfelde- 16/17 A 6
Ahrensdorf, Rietz-Neuendorf- 16/17 E 7
Ahrensdorf, Templin- 14/15 K 2
Ahrensfelde 14/15 K 4
Ahrenshoop 40 DE 1
Ahwas 44/45 S 9
Aigues-Mortes 52/53 AB 7
Ain, Fluss 52/53 C 4
Aisne, Fluss 56 F 3
Aix-en-Provence 56 GH 6
Aix-les-Bains 52/53 CD 5
Ajaccio 58/59 C 5
Akdağ 60 D 2
Akhisar 60 C 2
Aksaray 60 D 2
Aktau 44/45 T 7
Aktjubinsk 44/45 TU 5
Akureyri 44/45 E 2
Al-Alamein 60 C 3
Al-Asnam 57 G 4
Al-Beida 44/45 N 9
Al-Dschauf (Saudi-Arabien) 46/47 QR 9/10
Al-Kaf 58/59 C 7
Al-Katif 44/45 ST 10
Al-Mansura 44/45 P 9
Aladağ 60 DE 2
Alagón 57 C 2/3
Aland, Fluss 14/15 B 3
Aland, Gemeinde 14/15 B 3
Ålandinseln 54 EF 3
Alanya 60 D 2
Alaska (USA) 62/63.1 AB 2/3
Alassio 58/59 BC 3/4
Alba 52/53 F 6
Alba Iulia 58/59 K 2
Albacete 57 F 3
Albaner Berge 58/59 E 5
Albanien 44/45 MN 7/8
Albanische Alpen 58/59 HJ 4
Albenga 52/53 F 6
Albertville 52/53 D 5
Albi 56 F 6
Alborán 57 E 5
Ålborg 54 CD 4
Albstadt 34 C 4
Albufeira 57 B 4
Alcalá de Henares 57 E 2
Alcamo 58/59 E 7
Alcañiz 57 F 2
Alcázar de San Juan 57 E 3
Alcoy 57 F 3
Alentejo 57 BC 3/4
Alès 52/53 B 6
Alessandria 58/59 BC 3
Ålesund 54 BC 3
Aleuten (USA) 62/63.1 ST 2
Alexandria (Ägypten) 44/45 OP 9
Alexandria (Rumänien) 58/59 L 3/4
Alexandrupolis 58/59 L 5
Algarve 57 BC 4
Algeciras 57 D 4
Algerien 62/63.1 JK 4/5
Alghero 58/59 BC 5
Algier 44/45 J 8
Alicante 57 F 3
Allenstein 50 KL 2
Allier 56 F 5
Almadén 57 D 3
Almería 57 EF 4
Alpen, Gebirge 44/45 KL 6/7
Alt Golm 16/17 E 6
Alt Madlitz 16/17 F 6
Alt Rehse 16/17 A 1
Alt Rüdnitz (Str. Rudnica) 16/17 EF 4
Alt Ruppin 14/15 G 3
Alt Stahnsdorf 16/17 D 6
Alt Tucheband 16/17 FG 5
Alt Zauche-Wußwerk (Stara Niwa-Wózwjerch) 18/19 GH 3
Alt Zeschdorf 16/17 F 6
Alt, Fluss 58/59 L 2/3
Alt-Krenzlin 14/15 A 1
Alt-Schadow (Stary Škódow) 16/17 D 7
Alta 54 F 2
Altbassar 44/45 W 5
Altdöbern (Stara Darbnja) 18/19 H 4
Altdorf (Schweiz) 52/53 F 4
Alte Elde, Fluss 14/15 A 2
Alte Jäglitz, Fluss 14/15 E 3
Alte Oder, Fluss 16/17 EF 4/5
Altenau 18/19 E 5
Altenberg (bei Dresden) 40 EF 3
Altenburg 33 E 3
Altenburg-Nobitz, Flugplatz 35 E 3
Altenhof 14/15 E 1
Altenhof, Schorfheide- 14/15 KL 3
Alter Rhin, Fluss 14/15 G 3
Altes Lager 18/19 D 2
Altfriedland 16/17 E 5
Altglietzen 16/17 E 4
Althüttendorf 16/17 D 4
Altjeßnitz 18/19 A 4
Altkastilien 57 DE 1/2
Altlandsberg 14/15 KL 4
Altlüdersdorf 14/15 HJ 2
Altmärkische Höhe 14/15 B3
Altmärkische Wische 14/15 C3
Altmühl, Fluss 33 D 4
Altmühltal, Naturpark 40 D 4
Altranft 16/17 E 4
Altreetz 16/17 E 4
Alttrebbin 16/17 F 5
Altwriezen/Beauregard 16/17 E 5
Amasya 60 E 1
Amazonas, Fluss 62/63.1 FG 6
Ameland 33 A 2
Amiens 56 EF 3
Amiranten (Seychellen) 62/63.1 M 6
Amman (Jordanien) 44/45 Q 9
Am Mellensee 16/17 B 7
Amrum 34 C 1
Amselfeld 58/59 J 4
Amsterdam (Niederlande) 44/45 J 5
Amstetten (Niederösterreich) 52/53 MN 2
Amu-Darja 44/45 UV 7
Anatolien 60 DE 2
Ancona 58/59 EF 4
Åndalsnes 54 C 3
Andalusien 57 CD 4
Andamanen (Indien) 62/63.1 O 5
Andermatt 52/53 F 4
Andorra, Staat 57 G 1
Andorra, Stadt 57 G 1
Andropow → Rybinsk
Andros 58/59 L 7
Andújar 57 D 3
Ångermanälv 54 E 3
Angermünde 16/17 D 3
Angers 56 D 4
Anglesey 55 DE 5
Angola 62/63.1 KL 6
Angoulême 56 E 5
Ankara 60 D 1/2
Annaba 44/45 K 8
Annaburg 18/19 D 4
Annaburger Heide 18/19 D 4
Annahütte 18/19 G 4
Annecy 56 GH 5
Annonay 52/53 B 5
Ansbach 33 D 4
Antakya 60 E 2
Antalya 60 D 2
Antananarivo (Madagaskar) 62/63.1 M 7
Antarktis 64/65.1 K-Q 9
Antibes 52/53 E 7
Antigua und Barbuda 62/63.1 F 5
Antwerpen 56 G 2
Aosta 58/59 B 3
Apeldoorn 33 A 2
Apenninen 44/45 LM 7
Apenrade (Åbenrå) 33 C 1
Appenzeller Alpen 52/53 G 3
Apt 52/53 C 7
Apulien 58/59 FG 5
Äquat. Guinea 62/63.1 KL 5
Ar-Ramadi 60 F 3
Ar-Rif 44/45 GH 8/9
Arad 58/59 J 2
Aragonien 57 FG 2
Arak 44/45 ST 9
Aralsee 44/45 UV 6/7
Aralsk 44/45 V 6
Aranda de Duero 57 E 2
Aranjuez 57 E 2/3
Ararat 60 F 2
Arax, Fluss 44/45 S 8
Arc, Fluss 52/53 D 5
Arcachon 56 D 5
Archangelsk 44/45 RS 3
Årdal 54 C 3
Ardebil 44/45 S 8
Ardennen 56 G 2/3
Arendal 54 C 4
Arendsee, Gemeindeteil 14/15 K 1
Arendsee, See 14/15 A 3
Arendsee (Altmark) 14/15 AB 3
Arensdorf 16/17 EF 6
Arenzhain 18/19 F 4
Arezzo 58/59 DE 4
Argentinien 62/63.1 FG 7/8
Arges 58/59 L 3
Argonnen 56 G 3
Argos 58/59 K 7
Arkalyk 44/45 W 5
Arlberg 52/53 H 3
Arles 56 G 6
Armagh 55 C 4
Armagnac 56 E 6
Armancon, Fluss 52/53 AB 3
Armenien, Landschaft 60 FG 2
Armenien, Staat 62/63.1 M 3/4
Arnas dağı 60 F 2
Arneburg 14/15 CD 4
Arnheim 33 A 3
Arno, Fluss 58/59 D 4
Arnsberg, Regierungsbezirk 32 BC 3
Arnsberg, Stadt 33 C 3
Arnsberger Wald, Naturpark 40 C 3
Arnsdorf 18/19 CD 3
Arnsdorfer Berge, Berg 18/19 CD 3
Arnsnesta 18/19 D 4
Arosa 52/53 G 4
Arran 55 D 4
Arras 56 F 2
Arta 58/59 J 6
Artvin 60 F 1
Arzberg 18/19 D 4
Ascension 62/63.1 J 6
Aschaffenburg 33 C 4
Aschgabad 44/45 U 8
Ascoli Piceno 58/59 EF 4
Aserbaidschan 62/63.1 M 3/4
Asien 64/65.1 N-Q 3
Askja 54 B 1/2
Asmara 62/63.1 L 5
Asowsches Meer 44/45 Q 6
Assisi 58/59 E 4
Assur 60 F 2
Asti 58/59 C 3
Astipaläa 58/59 M 7
Astorga 57 C 1
Astrachan 44/45 ST 6
Astrana 44/45 WX 5
Asturien 57 CD 1
Asunción (Paraguay) 62/63.1 G 7
Atatürk-Stausee 60 E 2
Ateritz 18/19 B 4
Athen (Griechenland) 44/45 NO 8
Äthiopien 62/63.1 LM 5
Athlone 55 BC 5
Athos 58/59 L 5
Atlantischer Ozean 64/65.1
Ätna 44/45 LM 8
Atrek 44/45 U 8
Attersee, See 52/53 L 3
Atterwasch (Wotšowaš) 18/19 K 3
Attika 58/59 KL 6/7
Aubagne 52/53 C 7
Aube, Fluss 52/53 B 2
Aubenas 52/53 B 6
Auch 56 E 6
Auckland 62/63.1 S 7
Aucklandinseln (Neuseeland) 62/63.1 S 8
Aue, Stadt 34 E 3
Augsburg 33 D 4
Augsburg-Westliche Wälder, Naturpark 40 D 4
Aukrug, Naturpark 40 C 1/2
Aulosen 14/15 B 3
Aurillac 56 F 5
Aurith (Urad) 16/17 G 6
Aussig (Ustí nad Labem) 33 F 3
Australien, Erdteil 64/65.1 P-R 7
Australien, Staat 62/63.1 P-R 6-8
Autun 52/53 B 4
Auvergne 56 F 5
Auxerre 56 F 4
Avallon 56 FG 4
Avellino 58/59 F 5
Avignon 56 G 6
Ávila 57 D 2
Avilés 57 CD 1
Axarfjord 54 B 1
Axien 18/19 C 4
Ayamonte 57 C 4
Aydin 60 C 2
Azoren (Portugal) 62/63.1 H 4
Azorenschwelle 44/45 EF 8/9

B

Babbener Berge, Berg 18/19 G 4
Baben 14/15 C 4
Babol 44/45 T 8
Babow 18/19 H 3
Babylon, Ruinenstätte 44/45 R 9
Bacău 58/59 M 2
Bacher 52/53 N 4
Bad Belzig 18/19 B 2
Bad Bodenteich 40 D 2
Bad Brambach 40 E 3
Bad Düben 12/13 H 3
Bad Freienwalde (Oder) 16/17 DE 4
Bad Gottleuba 40 E 3
Bad Ischl 52/53 L 3
Bad Liebenwerda 18/19 E 4
Bad Lobenstein 40 D 3
Bad Muskau (Mužakow) 18/19 KJ 4
Bad Saarow 16/17 E 6
Bad Schmiedeberg 18/19 B 4
Bad Schönfließ (Trzcińsko Zdrój) 12/13 H 3
Bad Suderode 40 D 3
Bad Wilsnack 14/15 CD 3
Badajoz 57 C 3
Badalona 57 H 2
Badel 14/15 A 4
Baden (bei Wien) 52/53 O 2/3
Baden (Schweiz) 52/53 F 3
Baden-Baden 33 C 4
Baden-Württemberg, Bundesland 32 C 4
Badgastein 52/53 L 3
Badingen, Bismark- 14/15 B 4
Badingen, Zehdenick- 14/15 HJ 2
Baek 14/15 C 2
Baffinland 62/63.1 EF 2
Bagdad (Irak) 44/45 RS 9
Bagenz (Bageńc) 18/19 JK 4
Bahamas 62/63.1 F 4
Bahnsdorf 18/19 H 4
Bahrain 62/63.1 M 4
Bahren 18/19 FG 4
Baia Mare 58/59 KL 2
Baikonur 44/45 W 6
Baitz 18/19 B 2
Baja 58/59 H 2
Bakkafjördhur 54 BC 1
Bakonywald 58/59 G 2
Baku 44/45 ST 7/8
Balakowo 44/45 ST 5
Balaton 50 J 5
Balearen (Spanien) 44/45 J 7/8
Balikesir 60 C 2
Balkan 44/45 NO 7
Ballerstedt 14/15 B 4
Ballin 16/17 B 2
Balow 14/15 B 1
Balta 58/59 NO 2
Bamako (Mali) 62/63.1 J 5
Bamme 14/15 E 4
Banat 58/59 J 3
Banater Gebirge 58/59 JK 3
Bandirma 60 C 1
Bangladesch 62/63.1 O 4
Bangui 62/63.1 K 5
Banja Luka 58/59 G 3
Bantikow 14/15 EF 3
Bar 58/59 H 4
Bar-le-Duc 52/53 BC 2
Bar-sur-Aube 52/53 B 2
Barabasteppe 44/45 Y 4/5
Barabinsk 44/45 Y 4
Baracaldo 57 E 1
Baranowitschi 54 G 5
Barcelona 57 H 2
Barcelonnette 52/53 D 6
Bardenitz 18/19 C 2
Bardia 60 C 3
Bäreninsel (Norwegen) 62/63.1 K 2
Bärenklau, Oberkrämer- 14/15 H 4
Bärenklau, Schenkendöbern- 18/19 K 3
Barenthin 14/15 DE 3
Barentssee 44/45 Q-S 2
Bärfelde (Smolnica) 16/17 G 4
Bari 44/45 M 7
Barletta 58/59 G 5
Barnewitz 14/15 F 4
Barnim 16/17 C-E 5
Barrow, Fluss 55 C 5
Barsikow 14/15 F 3
Bartin 60 D 1
Baruth/Mark 16/17 C 7
Bärwalde (Mieskowice) 16/17 F 4
Basdorf, Rheinsberg- 14/15 F 2
Basdorf, Wandlitz- 14/15 J 4
Basel (Schweiz) 52/53 E 3
Basento, Fluss 58/59 G 5
Basra 44/45 S 9
Bassano 52/53 JK 5
Bastia 58/59 C 4
Batman 60 F 2
Batna 58/59 B 8
Batumi 44/45 R 7
Batzlow 16/17 E 5
Bayerische Alpen 33 DE 5
Bayerischer Wald 33 E 4
Bayern, Bundesland 32 CD 4
Bayonne 56 CD 6
Bayreuth 33 D 4
Baza 57 E 4
Beaune 52/53 B 3
Beauvais 56 EF 3
Béchar 46/47 H 9
Beelitz 18/19 CD 2
Beenz, Lychen- 14/15 J 1
Beenz, Nordwestuckermark- 14/15 K 1
Beerfelde 16/17 E 6
Beesdau 18/19 G 3
Beeskow 16/17 EF 7
Beetz 14/15 H 3
Beetzsee, Gemeinde 14/15 F 5
Beetzsee, See 14/15 F 5
Beetzseeheide 14/15 F 4
Behrendorf 14/15 CD 3
Beiersdorf 18/19 DE 4
Beiersdorf-Freudenberg 14/15 KL 4
Beilrode 18/19 D 4
Beira, Landschaft 57 BC 2
Beirut 44/45 PQ 9
Beja (Portugal) 57 C 3
Béja (Tunesien) 58/59 C 7
Bejaia 57 J 4
Békéscsaba 58/59 J 2
Belaja 44/45 TU 4
Belfast 44/45 G 4/5
Belfort 56 H 4
Belgern-Schildau 18/19 D 4/5
Belgien 44/45 JK 5/6
Belgorod 44/45 Q 5
Belgorod-Dnjestrowski 58/59 NO 2
Belgrad (Beograd) 44/45 N 7
Belize 62/63.1 E 5
Belle-Ile 56 C 4
Bellin 14/15 FG 3
Belling 16/17 DE 1
Bellinzona 52/53 G 4
Belluno 58/59 E 2
Belomorsk 44/45 P 3
Belt, Großer 54 D 4
Belt, Kleiner 54 CD 4
Belz 58/59 M 2
Ben Nevis 44/45 GH 4
Ben Wyvis, Berg 55 D 3
Bendelin 14/15 D 3
Bender 58/59 N 2
Benevento 58/59 F 5
Bengasi 44/45 N 9
Beni Saf 57 F 5
Benidorm 57 F 3
Benin 62/63.1 K 5
Bensdorf 14/15 E 5
Bentwisch 14/15 B 2
Berat 58/59 H 5
Beraun, Fluss 33 EF 4
Berchtesgaden 34 E 5
Beresniki 44/45 U 4
Beresowo 46/47 V 3
Bergama 58/59 M 6
Bergamasker Alpen 52/53 GH 4/5
Bergamo 58/59 CD 3
Berge, Gardelegen- 14/15 A 4
Berge, Nauen- 14/15 G 4
Bergen (Norwegen) 44/45 JK 3
Bergerdamm 14/15 G 4
Bergfelde 14/15 J 4
Berggießhübel 40 E 3
Bergholz 16/17 E 2
Bergholz-Rehbrücke 14/15 H 5
Bergisches Land, Naturpark 40 B 3
Bergsdorf 14/15 J 3
Bergufer (an der Wolga) 44/45 RS 5
Bergwitz 18/19 B 3
Berkenbrück 16/17 E 6
Berkenbrück, Nuthe-Urstromtal- 16/17 A 7
Berkholz-Meyenburg 16/17 E 3
Berlin, Bundesland 32 E 2
Berlin, Stadt 33 E 2
Berlinchen 14/15 F 2
Bern (Schweiz) 44/45 K 6
Bernau bei Berlin 14/15 K 4
Bernburg 34 D 3
Berner Alpen 52/53 E 4
Berneuchen (Barnówko) 16/17 GH 4
Bernina 52/53 G 4
Bernsdorf (Njedźichow) 18/19 H 5
Berry 56 EF 4
Bersteland 18/19 G 3
Bertikow 16/17 D 2
Bertkow 14/15 C 4
Berwick (England) 55 EF 4
Besançon 56 H 4
Beskiden 50 KL 4
Bessarabien 44/45 O 6
Bestensee 16/17 C 6
Bethau 18/19 D 4
Betische Kordillere 57 D-F 3/4
Betten 18/19 G 4
Beutersitz 18/19 E 4
Beuthen 50 K 3
Beveringen 14/15 DE 2

Aar – Bev

Namenregister 69

Beyern 18/19 D 4
Beyşehir Gölü 60 D 2
Béziers 56 F 6
Bhutan 62/63.1 O 4
Biała Podlaska 50 M 2/3
Białystok 50 M 2
Biarritz 56 D 6
Biberach 33 C 4
Biblis 34 C 4
Biebersdorf (Njacyna) 18/19 GH 3
Biegen 16/17 F 6
Biel 52/53 E 3
Bielefeld 33 C 2
Biella 52/53 F 5
Bielsko-Biała 50 K 4
Biese, Fluss 14/15 B 3
Biesen 14/15 E 2
Biesenbrow 16/17 E 3
Biesenthal 14/15 K 3
Bietikow 16/17 D 2
Bihaç 58/59 FG 3
Bihargebirge 58/59 K 2
Bilbao 44/45 H 7
Bilogebirge 52/53 OP 5
Binde 14/15 A 3
Bindfelde 14/15 C 4
Bindow 16/17 C 6
Bingen 33 B 4
Bingöl 60 EF 2
Biograd 52/53 N 7
Birkenberge (Brzozow) 18/19 K 3
Birkenhead 55 E 5
Birkenwerder 14/15 J 4
Birkholz, Bernau- 14/15 K 4
Birkholz, Rietz-Neuendorf- 16/17 E 7
Bîrlad 58/59 MN 2
Birmingham 55 EF 5
Bischdorf (Wótšowc) 18/19 G 3
Bischkek 62/63.1 N 3
Bischofsee (Biskupice) 16/17 G 6
Biserta 44/45 KL 8
Biskra 44/45 K 9
Bismark, Ramin- 16/17 F 2
Bismark (Altmark) 12/13 B 3
Bispingen 40 C 2
Bistriţa, Fluss 58/59 L 2
Bistriţa, Stadt 58/59 L 2
Bitola 58/59 J 5
Bitterfeld-Wolfen 18/19 A 4
Bjelovar 52/53 O 5
Blackpool 55 E 5
Blagoevgrad 58/59 K 5
Blandikow 14/15 E 2
Blankenburg 16/17 D 3
Blankenfelde-Mahlow 14/15 J 5
Blankensee (bei Neubrandenburg) 16/17 B 2
Blankensee 16/17 F 1
Blankensee, Trebbin- 16/17 A 7
Blankensee, See 16/17 A 7
Blesendorf 14/15 E 2
Bleyen-Genschmar 16/17 G 5
Blida 57 H 4
Bliesdorf 16/17 E 5
Bliesendorf 18/19 C 1
Bliesgau, Biosphärenreservat 40 B 4
Blievenstorf 14/15 B 1
Blois 56 E 4
Bloischdorf (Błobošojce) 18/19 J 4
Blönsdorf 18/19 C 3
Blossin 16/17 D 6
Blumberg, Ahrensfelde- 14/15 K 4
Blumberg, Casekow- 16/17 E 3
Blumenhagen 16/17 D 1
Blumenholz 16/17 A 2
Blumenow 14/15 J 2
Blumenthal 14/15 E 2
Blüthen 14/15 C 2
Boberow 14/15 B 2
Boblitz (Bobolce) 18/19 GH 3
Bochow, Groß Kreutz- 14/15 G 5
Bochow, Niedergörsdorf- 18/19 D 3
Bochum 33 B 3
Boddin-Langnow 14/15 E 2
Bode, Fluss 33 D 3
Boden 54 F 2
Bodensee 33 C 5
Bodö 54 E 2
Bodrum 60 C 2
Bogotá 62/63.1 F 5
Böhmen 33 EF 4
Böhmerwald 33 E 4
Böhmisch-Mährische Höhe 50 HJ 4
Böhne 14/15 E 4
Bohsdorf (Bóšojce) 18/19 K 4
Boitzenburg 14/15 K 1
Boitzenburger Land 14/15 K 1/2
Bolivien 62/63.1 FG 6/7
Bollersdorf 16/17 E 5
Bollewick 14/15 F 1
Bologna 44/45 L 7
Bolton 55 E 5
Bombay 62/63.1 N 5
Bomsdorf 16/17 G 7
Bonifacio 58/59 C 5
Bonininseln (Japan) 62/63.1
Bönitz 18/19 E 4
Bonn 33 B 3
Boock 16/17 F 2
Boock, Altmärkische Höhe- 14/15 B 3
Bor 46/47 N 7
Borås 54 D 4
Bordeaux 44/45 H 6/7
Borgarnes 54 A 2
Börgefjell, Berg 54 D 2
Borgsdorf 14/15 J 4
Borkheide 18/19 C 2
Borkum 33 B 2
Borkwalde 18/19 C 1
Borlänge 46/47 LM 3
Borna 34 E 3
Borne 18/19 B 2
Borneo 62/63.1 P 5/6
Bornholm 44/45 LM 4/5
Börnicke, Bernau- 14/15 K 4
Börnicke, Nauen- 14/15 G 4
Börnickenberg, Berg 18/19 D 3
Bornow 16/17 E 7
Bornsdorf 18/19 F 3
Bosanska Dubica 52/53 OP 5
Bosanski Novi 52/53 O 5
Bosna 58/59 H 3
Bosnien-Herzegowina 44/45 M 6/7
Bosporus 60 C 1
Boßdorf 18/19 B 3
Botev, Berg 58/59 L 4
Botoşani 58/59 M 2
Bottnischer Meerbusen 44/45 MN 2/3
Bötzow 14/15 H 4
Boulogne 56 EF 2
Bourg-en-Bresse 56 G 4
Bourges 56 F 4
Bourgoin-Jallieu 52/53 C 5
Bournemouth 55 EF 6
Bouvetinsel (Norwegen) 62/63.1 K 8
Boxberg/O. L. (Hamor) 18/19 K 5
Boz Dag, Berg 58/59 N 6
Bozen 58/59 D 2
Brač 58/59 G 4
Bradford 55 EF 5
Brädikow 14/15 F 4
Braga 57 BC 2
Bragança 57 C 2
Brăila 58/59 M 3
Bralitz 16/17 DE 4
Brandenburg, Bundesland 32 EF 2
Brandenburg an der Havel 14/15 EF 5
Brandenburgische Elbtalaue, Naturpark 40 DE 2
Brandis 18/19 D 3
Brasilia (Brasilien) 62/63.1 G 6
Brasilien 62/63.1 F-H 5-7
Brasov 58/59 LM 3
Bratislava (Slowakei) 50 J 4
Braunau (am Inn) 52/53 L 2
Braunlage 34 D 3
Braunschweig 33 D 2
Braunsdorf 16/17 D 6
Břeclav 52/53 OP 2
Breddin 14/15 D 3
Bredenfelde 16/17 B 2
Bredereiche 14/15 J 2
Bredow 14/15 G 4
Breese 14/15 C 3
Bregenz 52/53 GH 3
Breidhafjord 54 A 1
Breitenau 18/19 FG 4
Breiter Luzinsee 14/15 J 1
Breitlingsee 14/15 E 5
Bremen, Bundesland 32 C 2
Bremen, Stadt 33 C 2
Bremerhaven 33 C 2
Bremsdorf 16/17 FG 7
Brenitz 18/19 F 4
Brenner, Berg 52/53 J 3/4
Brenta, Fluss 52/53 J 4/5
Breschnew —> Nabereschnyje Tschelny
Brescia 58/59 CD 3
Bresegard bei Eldena 14/15 A 1
Bresegard bei Picher 14/15 A 1
Breslack 16/17 G 7
Breslau 50 J 3
Brest (Frankreich) 44/45 GH 6
Brest (Weißrussland) 44/45 NO 5
Bretagne 44/45 H 6
Bretsch 14/15 B 3
Brettin 14/15 D 5
Breydin 16/17 D 4
Briançon 52/53 D 6
Brielow 14/15 F 5
Briescht 16/17 E 7
Brieselang 14/15 H 4
Briesen (bei Baruth) 16/17 CD 7
Briesen (Brjazyna, bei Cottbus) 18/19 J 3
Briesen (Mark) 16/17 F 6
Briesensee (Brjazyna n. j.) 18/19 GH 3
Brieske 18/19 G 5
Brieskow-Finkenheerd 16/17 G 6
Briesnig 18/19 K 3
Briest, Havelsee- 14/15 E 5
Briest, Passow- 16/17 E 3
Brietzig 16/17 D 2
Brig 52/53 E 4
Brighton 55 FG 6
Brignoles 52/53 CD 7
Brindisi 58/59 G 5
Brisbane 62/63.1 R 7
Bristol 44/45 H 5
Bristolkanal 55 DE 6
Britische Inseln 44/45 FG 4/5
Britz 14/15 L 3
Brive 56 E 5
Brixen 52/53 J 4
Brjansk 44/45 P 5
Brno 50 J 4
Brodowin 16/17 DE 4
Brokdorf 34 C 2
Bromberg, Stadt 50 JK 2
Bronkow 18/19 G 4
Brottewitz 18/19 DE 5
Bruchmühle 14/15 L 4
Brück 18/19 C 2
Bruck (Steiermark) 52/53 N 3
Brügge 56 F 2
Brunau 14/15 A 3
Bruneck 52/53 J 4
Brunei 62/63.1 P 5
Brunn 14/15 F 3
Brünn (Brno) 42/43 K 6
Brunne 14/15 F 3
Brunow 14/15 C 1
Brunsbüttel 34 C 2
Brusendorf 16/17 C 6
Brüssel (Belgien) 44/45 JK 5
Brüssow 16/17 E 2
Brüx (Most) 33 E 3
Buchenhain 14/15 K 1
Buchhain 18/19 E 4
Buchholz, Beelitz- 18/19 C 2
Buchholz, Pritzwalk- 14/15 D 2
Buchholz, Steinhöfel- 16/17 E 6
Buchow-Karpzow 14/15 G 4
Buchwäldchen (Bukowinka) 18/19 GH 4
Buckau, Buckautal- 18/19 A 2
Buckau, Herzberg- 18/19 D 4
Buckau, Fluss 18/19 A 1
Buckautal 18/19 A 2
Bücknitz 18/19 A 1
Buckow 16/17 E 5
Buckow (Märkische Schweiz) 16/17 E 5
Bückwitz 14/15 F 3
Budapest 44/45 M 6
Budweis (České Budějovice) 33 F 4
Buenos Aires 62/63.1 G 7
Bug, Fluss (zum Schwarzen Meer) 44/45 P 6
Bug, Fluss (zur Weichsel) 50 M 2
Bugk 16/17 D 7
Bukarest (Rumänien) 44/45 NO 7
Buko 18/19 A 3
Bulgarien 44/45 NO 7
Bullenberg, Berg 16/17 D 2
Bülzig 18/19 C 3
Bundesrepublik Deutschland 32
Burdur 60 CD 2
Burg (Spreewald) (Bórkowy (Błota)) 18/19 H 3
Burg Stargard 16/17 B 2
Burgan 46/47 S 10
Burgas 58/59 MN 4
Burgenland 52/53 O 3
Burghausen 34 E 4
Burgkemnitz 18/19 A 4
Burgos 57 E 1
Burgund 56 G 4
Burgwall 14/15 J 2
Burkina Faso 62/63.1 JK 5
Bursa 60 C 1
Burundi 62/63.1 L 6
Buschir 44/45 T 10
Buschow 14/15 F 4
Busendorf 18/19 C 1
Buskow 14/15 G 3
Busto Arsizio 52/53 F 5
Bütow 14/15 EF 1
Butterberg, Berg 14/15 D 2
Butzen (Bucyn) 18/19 H 3
Bützer 14/15 E 4
Butzow 14/15 F 4
Bützsee 14/15 G 3
Büyük Menderes 60 C 2
Buzău 58/59 M 3
Bydgoszcz 50 JK 2
Byhleguhre-Byhlen (Běła Góra-Bělin) 18/19 HJ 3
Bytom 50 K 3

C

Cáceres 57 CD 3
Cádiz 57 C 4
Caen 56 D 3
Cagliari 44/45 KL 8
Cahnsdorf 18/19 G 3
Cahors 56 E 5
Cairo Montenotte 52/53 F 6
Calais 56 EF 2
Calatayud 57 EF 2
Calau (Kalawa) 18/19 G 3/4
Calden, Flugplatz 35 C 3
Caltanisetta 58/59 F 7
Calvi 58/59 C 4
Camargue 56 G 6
Cambrian Mountains 55 DE 5/6
Cambridge 55 FG 5
Caminchen (Kamjenki) 18/19 H 3
Cammer 18/19 B 1
Cammin 16/17 B 2
Campbellinsel (Neuseeland) 62/63.1 S 8
Campobasso 58/59 F 5
Çanakkale 60 C 1
Canal du Midi 56 EF 6
Canberra (Australien) 62/63.1 R 7
Cannae 58/59 FG 5
Cannes 56 H 6
Cantal 56 F 5
Canterbury 55 G 6
Caorle 52/53 KL 5
Capraia 52/53 GH 7
Capri 58/59 EF 5
Caputh 14/15 G 5
Caracas (Venezuela) 62/63.1 F 5
Caransebes 58/59 K 3
Carcassonne 56 EF 6
Cardiff 55 E 6
Carlisle 55 E 4
Carmzow-Wallmow 16/17 E 2
Carpentras 52/53 C 6
Carpi 52/53 H 6
Carpin 14/15 J 1
Carrara 58/59 D 3
Carrauntoohil, Berg 55 AB 5/6
Cartagena 57 F 4
Carwitzer See 14/15 J 1
Casablanca 44/45 FG 9
Casale Monferrato 52/53 F 5
Casekow 16/17 EF 3
Casel (Kózle) 18/19 H 4
Castellane 52/53 D 7
Castellón de la Plana 57 F 2/3
Catania 44/45 LM 8
Catanzaro 58/59 G 6
Cattenom 34 B 4
Causses 56 F 5
Cavertitz 18/19 D 5
Cecina 52/53 H 7
Cefalu 58/59 EF 6/7
Celebes 62/63.1 PQ 5/6
Celje 52/53 N 4
Celle 33 D 2
Cergy-Pontoise 56 EF 3
Cervia 52/53 K 6
Cesena 52/53 JK 6
Cesenatico 52/53 K 6
Çeşme, Halbinsel 58/59 M 6
Çeşme, Stadt 60 C 2
Cetinje 58/59 H 4
Ceuta (Spanien) 42/43 EF 8
Cevennen, Gebirge 56 FG 5
Chabarowsk 62/63.1 Q 3
Chablais 52/53 D 4
Chalkidike 58/59 K 5
Chalkis 58/59 KL 6
Chalon-sur-Saone 56 G 4
Chalons-sur-Marne 56 FG 3
Chambéry 56 G 5
Chamonix 56 H 4/5
Champagne 56 FG 3
Chania 58/59 KL 8
Chanty-Mansiisk 44/45 W 3
Charente 56 D 5
Charkow 44/45 PQ 5/6
Charleroi 56 G 2
Charleville-Mézières 56 FG 3
Charolais 52/53 B 4
Chasseral 52/53 DE 3
Chasseron 52/53 D 4
Chateauroux 56 E 4
Chathaminseln (Neuseeland) 62/63.1 T 8
Chatillon-sur-Seine 52/53 B 3
Chaumont 56 G 3
Cheb 50 G 3/4
Chełm 50 M 3
Chemnitz, Stadt 32 E 3
Cher 56 E 4
Cherbourg 56 D 3
Cherson 44/45 P 6
Cheviot Hills 55 EF 4
Chiavari 52/53 G 6
Chiavenna 52/53 G 4
Chibiny, Berg 54 H 2
Chicago 62/63.1 E 3
Chiemsee, Naturpark 40 E 5
Chiemsee, See 33 E 5
Chieri 52/53 EF 5
Chieti 58/59 F 4
Chile 62/63.1 F 6-8
China 62/63.1 N-Q 3-5
Chioggia 58/59 E 3
Chios 58/59 L 6
Chiusi 52/53 J 7
Chivasso 52/53 EF 5
Chiwa 44/45 V 7
Choi 60 FG 2
Chorin 16/17 D 4
Christdorf 14/15 E 2
Christinendorf 16/17 B 7
Christmasinsel (Australien) 62/63.1 P 6
Chur 52/53 G 4
Chust 58/59 K 1
Cide 60 D 1
Ciechanów 50 L 2
Cilo dağı 60 F 2
Cima dei Preti, Berg 52/53 K 4
Cinca 57 G 2
Ciudad Real 57 E 3
Civitanova Marche 52/53 LM 7
Clermont-Ferrand 56 EF 5
Cluj-Napoca 58/59 K 2
Cluny 52/53 B 4
Cobbelsdorf 18/19 B 3
Coburg 33 D 3
Cochem 33 B 3
Cognac 56 D 5
Coimbra 57 B 2
Col de Fréjus, Berg 52/53 D 5
Col de la Perche 56 EF 6
Col de Larche, Berg 52/53 DE 6
Colle di Tenda 52/53 E 6
Colmar 33 B 4
Colombo 62/63.1 N 5
Cölpin 16/17 B 1
Comacchio 52/53 K 6
Comer See 58/59 C 2/3
Como 58/59 C 3
Conegliano 52/53 K 5
Conow 14/15 J 1
Constanţa 58/59 N 3
Constantine 44/45 K 8
Córdoba 57 D 3/4
Cork 44/45 G 5
Cornwall 55 D 6
Corte 58/59 C 4
Cortina d'Ampezzo 52/53 JK 4
Çorum 60 DE 1
Coschen 16/17 G 7
Cosenza 58/59 FG 6
Costa Blanca 57 FG 3/4
Costa Brava 57 H 1/2
Costa de la Luz 57 C 4
Costa del Azahar 57 FG 2/3
Costa del Sol 57 DE 4
Costa Dorada 57 GH 2
Costa Real 57 E 1
Costa Rica 62/63.1 E 5
Costa Smeralda 58/59 CD 5
Costa Verde 57 D 1
Coswig (Anhalt) 18/19 A 3
Côte d'Argent 56 D 5/6
Côte d'Azur 56 H 6
Côte d'Ivoire 62/63.1 J 5
Côte d'Or 56 G 4
Cottbus (Chóśebuz) 18/19 JK 3
Cottbuser Berg 18/19 HJ 3
Cottische Alpen 52/53 D 6
Coventry 55 F 5
Covilh 57 C 2
Crailsheim 33 D 4
Craiova 58/59 K 3
Crau 52/53 B 7
Cres, Insel 58/59 F 3
Cres, Stadt 52/53 M 6
Crêt de la Neige, Berg 52/53 CD 4
Creuse 56 E 4
Criewen 16/17 E 3
Crinitz 18/19 FG 4
Crotone 58/59 G 6
Crozetinseln (Frankreich) 62/63.1 M 8
Crussow 16/17 E 3
Cuenca 57 EF 2
Cumbrian Mountains 55 E 4
Cumlosen 14/15 B 2
Cuneo 58/59 B 3
Cuxhaven 33 C 2
Cychry 16/17 GH 5
Cyrenaika 44/45 N 9
Czernowitz 44/45 NO 6
Częstochowa 50 KL 3

D

Daber (Dobra) 16/17 F 2
Dabergotz 14/15 F 3
Dabrun 18/19 B 3
Dachstein, Berg 52/53 L 3
Dagö 44/45 N 4
Dahlen 14/15 C 4
Dahlewitz 16/17 B 6
Dahlwitz-Hoppegarten 14/15 K 5
Dahme, Fluss 16/17 D 7
Dahme/Mark 18/19 E 3
Dahmetal 18/19 EF 3
Dahnsdorf 18/19 B 2
Dakar (Senegal) 62/63.1 J 5
Dalälv 54 E 3
Dalarna 54 DE 3
Dallgow-Döberitz 14/15 H 4
Dallmin 14/15 C 2
Dalmatien 44/45 M 7
Damaskus (Syrien) 44/45 Q 9
Damawand 44/45 T 8
Dambeck 14/15 B 1/2
Damelang-Freienthal 18/19 BC 1/2
Damerow 16/17 D 2
Damme 16/17 DE 2
Dammsee 16/17 C 2
Damsdorf 14/15 F 5
Dänemark 44/45 KL 4/5
Danewitz 14/15 K 4
Danna 18/19 C 3
Dannenberg 16/17 D 4
Dannenreich 16/17 CD 6
Dannenwalde, Gransee- 14/15 H 2
Dannenwalde, Gumtow- 14/15 DE 2
Danzig 44/45 M 5
Danziger Bucht 50 K 1
Dardanellen 60 C 1/2
Daressalam 62/63.1 L 6
Darmstadt, Regierungsbezirk 32 C 3
Darmstadt, Stadt 33 C 4
Darß 33 E 1
Darwasa 46/47 U 7
Dauer 16/17 D 2
Daugava, Fluss 54 G 4
Daugavpils 54 G 4
Dauphiné 52/53 CD 6
Davos 52/53 GH 4
Dax 56 D 6
Debrecen 44/45 N 6
Dechtow 14/15 G 3
Decize 52/53 A 4
Dedelow 14/15 L 1
Deetz 14/15 G 5
Deir-az-Zor 60 EF 2
Dej 58/59 K 2
Delfzijl 34 B 2
Delhi (Indien) 62/63.1 N 4
Delos 58/59 L 7
Delphi 58/59 K 6
Delsberg 52/53 E 3
Demerthin 14/15 E 3
Demnitz 16/17 E 6
Dem. Rep. Kongo 62/63.1 KL 5/6
Demsin 14/15 DE 5
Den Haag 42/43 G 5
Den Helder 56 FG 1
Denizli 60 C 2
Dennewitz 18/19 CD 3
Densow 14/15 J 2
Derby 55 EF 5
Dergenthin 14/15 C 2
Derna 60 B 3
Derwitz 14/15 G 5
Dessau-Roßlau 33 D/E 3
Dessow 14/15 F 3
Detmold, Regierungsbezirk 32 C 3
Detmold, Stadt 33 C 3
Deutsch Bork 18/19 C 2
Deutschhof 14/15 G 4
Dewitz 16/17 B 1
Diedenhofen (Thionville) 33 B 4
Diedersdorf, Großbeeren- 14/15 J 5
Diedersdorf, Vierlinden- 16/17 F 5
Diego Garcia 62/63.1 N 6
Diehlo 16/17 G 7
Diensdorf-Radlow 16/17 E 7
Diepensee 14/15 K 5
Diepholz 34 BC 2
Dieppe 56 E 3
Dierberg 14/15 GH 2
Dietersdorf 18/19 C 2
Dietrichsdorf 18/19 C 3
Digne 52/53 D 6
Digoin 52/53 A 4
Dijon 56 G 4
Dimitrovgrad 58/59 LM 4
Dinar 58/59 NO 6
Dinara 58/59 G 3/4
Dinarisches Gebirge 44/45 M 6/7
Dingle Bay 55 A 5/6
Dippmannsdorf 18/19 B 2
Disful 44/45 S 9
Dissen-Striesow (Dešno-Strjažow) 18/19 HJ 3
Distomon 46/47 N 8
Divriği 46/47 Q 8
Diyarbakir 60 EF 2
Djúpivogur 54 C 2
Dnjepr, Fluss 44/45 P 5/6
Dnjepropetrowsk 44/45 PQ 6
Dnjestr, Fluss 44/45 O 6
Dobberkau 14/15 B 4
Dobbrikow 18/19 D 2
Dobbrun 14/15 C 3
Döberitz 14/15 E 4
Doberlug-Kirchhain 18/19 EF 4
Döbern (Derbno) 18/19 K 4
Doboj 58/59 GH 3
Dobra 18/19 E 4
Dobrič 58/59 M 4
Döbrichau 18/19 D 4
Dobrudscha 58/59 N 3
Dodoma (Tansania) 62/63.1 L 6
Doggerbank 55 GH 4
Dolchauer Berg 14/15 A 4
Dole 52/53 C 3
Dolgelin 16/17 F 5
Dolgen 14/15 J 1
Dolgenbrodt 16/17 CD 7
Dolgensee 16/17 CD 6/7
Döllen 14/15 D 3
Dollenchen 18/19 G 4
Dollgow 14/15 H 2
Döllingen 18/19 F 5
Dolomiten 58/59 DE 2
Dombås 54 CD 3
Dombes 52/53 BC 5
Dominica 62/63.1 F 5
Dominikanische Republik 62/63.1 F 5
Dömitz, Fluss 14/15 DE 2
Dömitz, Stadt 14/15 A 2
Dommitzsch 18/19 C 4
Domodossola 52/53 F 4
Domsdorf (Domašojce) 18/19 E 4
Don, Fluss 44/45 R 6
Donau, Fluss 44/45 M 6
Donaudelta 58/59 NO 3
Donegal Bay 55 B 4
Donezk 44/45 Q 6
Dora Baltea, Fluss 52/53 E 5
Dora Riparia 52/53 DE 5
Dordogne 56 DE 5
Dorf-Zechlin 14/15 FG 2
Dörgenhausen 18/19 H 5
Dorna 18/19 B 3
Dornbirn 52/53 G 3
Dörnitz 18/19 A 2
Dornsdorf 18/19 H 4
Dorpat 44/45 O 4
Dortmund 33 B 3
Dortmund-Ems-Kanal 33 B 2/3
Dosse, Fluss 14/15 EF 2/3
Dossow 14/15 EF 2
Doubs 56 H 4
Douglas (Man) 55 DE 4
Douro, Fluss 57 B 2
Dover 55 G 6
Dovrefjell 54 C 3
Drac, Fluss 52/53 C 6
Drachenberge, Berg 18/19 K 4
Drachhausen (Hochoza) 18/19 J 3
Drahnsdorf 18/19 F 3
Drammen 54 CD 4
Dranse 14/15 F 2
Dranser See 14/15 F 2
Drau, Fluss 44/45 M 6
Drava 58/59 G 3
Drebkau (Drjowk) 18/19 HJ 4
Dreetz 14/15 EF 3
Drehnow (Drjenow) 18/19 J 3
Dreiheide 18/19 C 4
Dresden, Stadt 32 EF 3

Bey – Dre

70 Namenregister

Dretzen 18/19 A 2
Dretzsee 14/15 H 3
Drewen 14/15 E 3
Drewitz (Drjejce) 18/19 K 3
Drieschnitz-Kahsel (Drěžnica-Kózle) 18/19 JK 4
Drin, Fluss 58/59 J 4
Drina, Fluss 58/59 H 3
Drittes Baku 46/47 X 3
Drobeta Turnu Severin 58/59 K 3
Drochow 18/19 G 4
Drôme 52/53 BC 6
Drömling, Naturpark 40 D 2
Družba 58/59 MN 4
Drvar 52/53 O 6
Dschebel Tubkal 44/45 G 9
Dscherba 44/45 L 9
Dschibuti 62/63.1 M 5
Dschussaly 46/47 V 6
Duben 18/19 G 3
Düben 18/19 A 3
Dübener Heide 18/19 BC 4
Dubesar 58/59 N 2
Dublin (Irland) 44/45 G 5
Dübrichen 18/19 E 4
Dubro 18/19 E 3
Dubrovnik 58/59 GH 4
Duero 44/45 G 7
Dugiotok 58/59 F 4
Duisburg 33 B 3
Dümde 16/17 B 7
Dumfries 55 DE 4
Dümmer, Naturpark 40 C 2
Dun Laoghaire 55 CD 5
Düna, Fluss 42/43 M 4
Dünaburg 44/45 O 4
Dunaújváros 58/59 H 2
Dunav 58/59 M 3/4
Dundalk 55 C 4/5
Dundee 55 E 3
Dünkirchen 56 EF 2
Durance 56 G 5/6
Düren 33 B 3
Durmitor, Berg 58/59 H 4
Dürrenhofe (Dwóry) 18/19 G 2
Durrës 58/59 H 5
Duschanbe 62/63.1 N 4
Düsedau 14/15 C 3
Düsseldorf, Regierungsbezirk 32 B 3
Düsseldorf, Stadt 33 B 3
Dwina 44/45 R 3

E

Ebbegebirge, Naturpark 40 B 3
Eberswalde 14/15 KL 3
Ebro, Fluss 44/45 H 7
Écija 57 D 4
Ecuador 62/63.1 EF 6
Eder, Fluss 33 C 3
Edessa 58/59 K 5
Edinburgh 44/45 H 4
Edirne 60 C 1
Edremit 58/59 M 6
Eger (Cheb), Stadt 33 E 3
Eger (Ohře), Fluss 33 EF 3
Eger, Stadt (Ungarn) 58/59 J 2
Egge 33 C 3
Eggersdorf 16/17 E 6
Eichberg, Berg 18/19 F 5
Eiche 14/15 K 4
Eichholz-Drößig 18/19 F 4
Eichhorst 14/15 K 3
Eichow 18/19 H 3
Eichsfeld-Hainich-Werratal, Naturpark 40 D 3
Eichstädt 14/15 H 4
Eichstedt (Altmark) 14/15 C 4
Eichwalde 14/15 K 5
Eichwerder 16/17 E 5
Eickstedt 16/17 E 2
Eider, Fluss 33 C 1
Eindhoven 56 G 2
Einsiedeln 52/53 F 3
Eipel 58/59 H 1/2
Eire 55 BC 5
Eisack, Fluss 52/53 J 4
Eisenach 33 D 3
Eisenerz 52/53 MN 3
Eisenhüttenstadt 16/17 FG 7
Eisenstadt 52/53 O 3
Eisernes Tor 58/59 K 3
Ekofisk 46/47 JK 4
El Arenal 57 H 3
El Ferrol del Caudillo 57 BC 1
El Salvador 62/63.1 E 5
Elâziğ 60 E 2
Elba 58/59 D 4
Elbasan 58/59 HJ 5
Elbe, Fluss 14/15 A-D 2-5
Elbe-Havel-Kanal 14/15 E 5
Elbe-Parey 14/15 CD 5
Elbe-Seitenkanal 33 D 2
Elbetal, Naturpark 40 D 2
Elbeuf 56 E 3
Elbing 50 K 1
Elbląg 50 KL 1
Elbufer-Drawehn, Naturpark 40 D 2
Elbursgebirge 44/45 T 8
Elche 57 F 3
Elde, Fluss 33 DE 2
Eldena 14/15 A 2
Eldenburg 14/15 A 2
Elgin 55 E 3
Ełk 50 M 2
Elmali 58/59 N 7
Elmshorn 33 C 2
Elsass 56 H 3/4
Elsholz 18/19 C 2
Elsnig 18/19 C 4
Elstal 14/15 H 4
Elster, Zahna- 18/19 C 3
Elsterheide (Halštrowska Hola) 18/19 HJ 4/5
Elsterwerda 18/19 F 5
Elverum 54 D 3
Emba 44/45 U 6
Emden 33 B 2
Emilia-Romagna 52/53 G-J 6
Emmen 33 B 2
Ems, Fluss 33 BC 2/3
Emsland 33 B 2
Emstal 18/19 C 1
Engadin 52/53 GH 4
Engels 44/45 S 5
England 55 E-G 5
Enns, Fluss 52/53 M 3
Enontekiö 54 F 2
Enschede 33 B 2
Epernay 52/53 A 1/2
Ephesus, Ruinenstätte 60 C 2
Epinal 33 B 4
Epirus 58/59 J 6
Erciyas Dağ 60 DE 2
Ereğli (am Schwarzen Meer) 60 D 1
Ereğli (im Taurus) 60 D 2
Erfurt 33 D 3
Ergani 46/47 Q 8
Eritrea 62/63.1 LM 5
Eriwan 44/45 R 7
Erkner 14/15 KL 5
Erlangen 33 D 4
Erlau, Stadt (Ungarn) 58/59 J 2
Erxleben 14/15 C 3
Erzgebirge 50 G 3
Erzincan 60 E 2
Erzurum 60 F 2
Esbjerg 54 C 4
Esino, Fluss 52/53 L 7
Eskilstuna 54 E 4
Eskişehir 60 D 2
Espoo 54 F 3
Esseg 58/59 H 3
Essen 33 B 3
Esslingen 33 C 4
Estland 44/45 NO 4
Estoril 57 B 3
Estremadura (Portugal) 57 B 3
Extremadura (Spanien) 57 C 3
Etsch, Fluss 58/59 D 3
Etzin 14/15 G 4
Euböa 58/59 KL 6
Euphrat, Fluss 44/45 R 9
Euphrat, Östlicher 60 EF 2
Euphrat, Westlicher 60 EF 2
Europa 44/45
Europäisches Nordmeer 44/45 G-L 2
Eutzsch 18/19 B 3
Evora 57 BC 3
Evreux 56 E 3
Exeter 55 E 6

F

Faenza 58/59 D 3
Fagaraş 58/59 L 3
Fahrenwalde 16/17 E 2
Fahrland 14/15 H 5
Fährsee 14/15 K 2
Falkenau 34 E 3
Falkenberg 16/17 DE 4
Falkenberg, Altmärkische Wische- 14/15 BC 3
Falkenberg/Elster 18/19 DE 4
Falkenhagen 14/15 DE 2
Falkenhagen (Mark) 16/17 F 6
Falkenhain 18/19 F 3
Falkenrehde 14/15 G 5
Falkensee 14/15 H 4
Falkenthal 14/15 J 3
Falkenwalde, Uckerfelde- 16/17 E 2
Falkenwalde (Tanowo) 16/17 F 1
Falklandinseln (Großbritannien) 62/63.1 FG 8
Falmouth 55 D 6
Falster 33 DE 1
Falun 54 E 3
Famagusta 60 D 2
Faro 57 BC 4
Färöer 44/45 G 3
Fátima 57 B 3
Faxabucht 54 A 2
Fehmarn 33 D 1
Fehrbellin 14/15 FG 3
Felchow 16/17 E 3
Feldberg, Berg 33 C 5
Feldberg, Ort 40 E 2
Feldberg, Feldberger Seenlandschaft- 14/15 J 1
Feldberger Seenlandschaft 14/15 J 1
Feldheim 18/19 C 2
Feldkirch 52/53 G 3
Felgentreu 18/19 D 2
Felixsee 18/19 K 4
Feltre 52/53 J 4
Fens, The 55 FG 5
Ferch 18/19 C 1
Fermerswalde 18/19 D 4
Fernando de Noronha (Brasilien) 62/63.1 H 6
Ferrara 58/59 DE 3
Fes 44/45 GH 9
Fethiye 60 C 2
Feuerland 62/63.1 F 8
Fichtelgebirge 33 DE 3/4
Fichtenberg 18/19 D 5
Fichtenhöhe 16/17 F 6
Fichtenwalde 18/19 C 1
Fichtwald 18/19 E 4
Fiddichow (Widuchowa) 16/17 F 3
Fidenza 52/53 GH 6
Filder 48 C 4
Fincken 14/15 E 1
Finike 60 D 2
Finnische Seenplatte 44/45 NO 3
Finnischer Meerbusen 44/45 NO 3/4
Finnland 44/45 N-P 3/4
Finnmark 54 FG 1/2
Finowfurt 14/15 K 3
Finowkanal 14/15 K 3
Finsteraarhorn 52/53 F 4
Finsterwalde 18/19 FG 4
Firenze 58/59 D 4
Firth of Clyde 55 D 4
Firth of Forth 55 E 3/4
Firth of Lorne 55 CD 3
Fischbacher Alpen 52/53 N 3
Fischerhalbinsel 54 H 2
Fischwasser 18/19 F 4
Fishguard 55 D 5/6
Fläming 18/19 A-E 2/3
Flandern 56 F 2
Flatow 14/15 G 4
Flecken Zechlin 14/15 FG 2
Fleetmark 14/15 A 3
Flemsdorf 16/17 E 3
Flensburg 33 C 1
Flessau 14/15 B 3
Flieth-Stegelitz 14/15 L 2
Flims 52/53 G 4
Florenz 44/45 KL 7
Flusslandschaft Peenetal, Naturpark 40 E 2
Focşani 58/59 M 3
Foggia 44/45 M 7
Föhr 33 C 1
Fohrde 14/15 EF 5
Foligno 52/53 K 8
Fontainebleau 56 EF 3
Forli 58/59 DE 3
Formentera 57 G 3
Forst (Lausitz) (Baršć (Łužyca)) 18/19 JK 3
Forst (Zasieki) 18/19 K 4
Fort Schewtschenko 44/45 T 7
Forties 46/47 J 4
Fougòres 56 D 3
Frankena 18/19 F 4
Frankenfelde 16/17 A 7
Frankenförde 18/19 D 2
Frankenwald 33 D 3
Frankfurt (Słubice) 16/17 G 6
Frankfurt/Main 33 C 3
Frankfurt (Oder) 16/17 FG 6
Fränkische Alb 33 D 4
Fränkische Schweiz, Naturpark 40 D 4
Frankreich 44/45 H-K 5-7
Franz-Josef-Land 62/63.1 MN 2
Französisch-Guayana 62/63.1 G 5
Französischer Jura 52/53 CD 4/5
Frauendorf 18/19 G 5
Frauendorf, Neuhausen- 18/19 J 4
Frauenhagen 16/17 E 3
Fredericia 54 C 4
Frederikshavn 54 D 4
Frederikstad 54 D 4
Fredersdorf 18/19 B 2
Fredersdorf-Vogelsdorf 16/17 D 5
Frehne 14/15 D 1
Freiburg, Regierungsbezirk 32 BC 4
Freiburg, Stadt (Deutschland) 33 B 4
Freiburg, Stadt (Schweiz) 52/53 E 4
Freienhagen 14/15 J 3
Freienhufen 18/19 G 4
Freileben 18/19 E 3
Freising 33 D 4
Freistadt 52/53 M 2
Freiwalde 18/19 F 3
Fréjus 52/53 D 7
Fresdorf 16/17 A 6
Fretzdorf 14/15 F 2
Freudenstadt 34 C 4
Freyenstein 14/15 E 1
Friaul 52/53 KL 4
Friedersdorf, Heidesee- 16/17 D 6
Friedersdorf, Muldestausee- 18/19 A 4
Friedersdorf, Sonnenwalde- 18/19 F 4
Friedersdorf, Vierlinden- 16/17 F 5
Friedland 16/17 F 7
Friedrichshafen 33 C 5
Friedrichshain (Frycowy Gaj) 18/19 K 4
Friedrichsthal 14/15 H 3
Friedrichswalde 14/15 KL 2
Friesack 14/15 F 4
Frisches Haff 50 KL 1
Frosinone 58/59 E 5
Fulda, Fluss 33 C 3
Fulda, Stadt 33 C 3
Fünen 54 D 4
Fünfeichen 16/17 G 7
Fünfkirchen 44/45 M 6
Funkenhagen 14/15 JK 1
Furka 52/53 F 4
Fürstenberg/Havel 14/15 H 2
Fürstenfeld 52/53 NO 3
Fürstenfelde (Boleszkowice) 16/17 G 5
Fürstenwalde/Spree 16/17 E 6
Fürstenwerder 14/15 K 1
Fürstlich Drehna 18/19 G 3
Fürth 33 D 4
Füssen 34 D 5

G

Gabcikovo 51 JK 5
Gabès 44/45 KL 9
Gablenz (Jablońc, bei Bad Muskau) 18/19 K 4
Gablenz (Jabłoń, bei Cottbus) 18/19 K 4
Gabrovo 58/59 L 4
Gabun 62/63.1 K 5/6
Gach Saran 46/47 T 9
Gadegast 18/19 C 3
Gadow 14/15 F 2
Gaeta 58/59 E 5
Gafsa 46/47 K 9
Gahro 18/19 F 3/4
Gahry (Gari) 18/19 K 4
Gailtaler Alpen 52/53 KL 4
Galápagosinseln 62/63.1 F 5/6
Galaţi 58/59 MN 3
Galdhöpigg, Berg 54 C 3
Galicien (Spanien) 57 BC 1
Galizien (Polen) 50 K-M 4
Gallinchen (Gołynk) 18/19 J 4
Gällivare 54 F 2
Gallun 16/17 C 7
Galway 55 B 5
Gambia 62/63.1 J 5
Gandenitz 14/15 J 2
Gandia 57 FG 3
Gandia 57 FG 3
Ganges, Fluss 62/63.1 NO 4
Ganzlin 14/15 D 1
Gap 52/53 D 6
Gard, Fluss 52/53 B 6/7
Garda 52/53 H 5
Gardasee 58/59 D 3
Garlin 14/15 B 2
Garlitz 14/15 F 4
Garmisch-Partenkirchen 33 D 5
Garonne 44/45 HJ 7
Garrey 18/19 B 2
Gartenberge, Berg 18/19 B 2
Gartow 14/15 A 2
Gartz (Oder) 16/17 F 3
Garzau-Garzin 16/17 DE 5
Gasan-Kuli 44/45 T 8
Gascogne 56 DE 6
Gastrose (Gósćeraz) 18/19 K 3
Gateshead 55 EF 4
Gävle 54 E 3
Gaziantep 60 E 2
Gdingen 50 K 1
Gebersdorf 18/19 E 3
Gebweiler (Guebwiller) 33 B 5
Gediz 60 C 2
Gedser 33 D 1
Geesow 16/17 F 2/3
Geestgottberg 14/15 BC 3
Geesthacht 33 D 2
Gehren 18/19 F 3
Geirangerfjord 54 C 3
Geislingen 34 C 4
Gela 58/59 F 7
Gelsenkirchen 33 B 3
Geltow 14/15 G 5
Gemlik 58/59 N 5
Genf 44/45 K 6
Genfer See 52/53 D 4
Genil, Fluss 57 D 4
Genova 58/59 C 3
Genshagen 16/17 B 6
Gent 56 FG 2
Gentha 18/19 C 3
Genthin 14/15 D 5
Genua 44/45 K 7
Georgien 62/63.1 M 3
Gera 33 E 3
Gerdshagen 14/15 DE 2
Gerlsdorfer Spitze 50 L 4
Germendorf 14/15 H 3
Gerona 57 H 1/2
Gerswalde 14/15 K 2
Gesäuse 52/53 M 3
Ghana 62/63.1 JK 5
Gheorghe Gheorghiu-Dej 58/59 M 2
Giandscha 44/45 S 7
Gibraltar 44/45 GH 8
Gielsdorf 16/17 D 5
Giesendorf 14/15 D 2
Giesensdorf 16/17 E 7
Gießen, Regierungsbezirk 32 C 3
Gießen, Stadt 33 C 3
Gießmannsdorf 18/19 F 3
Gijón 57 D 1
Giresun 60 E 1
Gironde 56 D 5
Giseh 44/45 OP 9
Giulianova 52/53 LM 8
Giurgiu 58/59 L 4
Gjirokastîr 58/59 HJ 5
Gladigau 14/15 B 3
Glaisin 14/15 A 1
Gláma 54 A 1
Glarner Alpen 52/53 FG 4
Glarus 52/53 G 3
Glasgow (Schottland) 55 DE 4
Glasow 16/17 F 2
Glatz 50 J 3
Glau 16/17 A 6
Gleinalpe 52/53 MN 3
Gleiwitz 50 JK 3
Glien 14/15 H 4
Glienecke 18/19 A 1
Glienick 16/17 B 6
Glienicke 16/17 E 7
Glienicke/ Nordbahn 14/15 J 4
Glienig 18/19 E 3
Glindow 14/15 G 5
Glinzing 18/19 H 3
Glittertind, Berg 54 C 3
Gliwice 50 JK 3
Globig-Bleddin 18/19 BC 3
Glogau 50 HJ 3
Głogów 50 HJ 3
Glomma, Fluss 54 D 3
Gloucester 55 E 6
Glöwen 14/15 D 3
Gmünd 52/53 MN 2
Gmunden 52/53 LM 3
Gnewikow 14/15 G 3
Godendorf 14/15 H 1
Göhlen 14/15 A 1
Göhlsdorf 14/15 G 5
Gohrau 18/19 AB 3
Göhren 16/17 C 2
Göktas 46/47 R 7
Goldbeck 14/15 C 4
Golf von Biskaya 44/45 H 7
Golf von Cádiz 57 C 4
Golf von Genua 58/59 C 3/4
Golf von Iskenderun 60 E 2
Golf von Izmir 58/59 M 6
Golf von Korinth 58/59 K 6
Golf von Neapel 58/59 EF 5
Golf von Patras 58/59 J 6
Golf von Saros 58/59 M 5
Golf von Tarent 58/59 G 5/6
Golf von Triest 58/59 E 3
Golf von Tunis 58/59 D 7
Golf von Valencia 57 FG 3
Golfe du Lion 56 FG 6
Goljam Perelik 58/59 L 5
Gollenberg, Berg 14/15 E 4
Gollenberg, Gemeinde 14/15 E 3
Gollensdorf 14/15 B 3
Gollmitz, Calau- 18/19 G 4
Gollmitz, Nordwestuckermark- 14/15 K 1
Göllnitz 18/19 G 4
Gollwitz 14/15 F 5
Gollwitzer Berg, Berg 14/15 E 5
Golm 14/15 G 5
Golmberg, Berg 18/19 E 2
Golspie 55 E 2/3
Golßen 18/19 F 3
Golzow, Chorin- 16/17 D 4
Golzow (Mittelmark) 18/19 B 1
Golzow (Oderbruch) 16/17 F 5
Gomel 44/45 P 5
Gorden-Staupitz 18/19 F 4
Gorgan 44/45 TU 8
Gorgast 16/17 G 5
Gori 60 F 1
Göritz (bei Prenzlau) 16/17 D 2
Göritz (Górzyca) 16/17 G 5/6
Gorjanci 52/53 N 5
Gorki ⟶ Nischni Nowgorod
Gorleben 14/15 A 2
Görlitz 33 F 3
Gorlosen 14/15 AB 2
Görlsdorf 18/19 FG 3
Görsdorf, Dahmetal- 18/19 E 3
Görsdorf, Storkow- 16/17 D 7
Görsdorf, Tauche- 16/17 E 7
Görz 58/59 E 3
Görzig 16/17 E 7
Görzke 18/19 A 2
Gorzów Wielkopolski 50 HJ 2
Goschen 16/17 F 7
Gosda (Gózna) 18/19 K 3
Gosen-Neu Zittau 14/15 KL 5
Goslar 33 D 3
Gospiç 52/53 N 6
Gossa 18/19 A 4
Goßmar, Heideblick- 18/19 F 3
Goßmar, Sonnewalde- 18/19 F 4
Götaälv 54 D 4
Götakanal 54 DE 4
Götaland 54 DE 4
Göteborg 44/45 L 4
Gotland 44/45 M 4
Gottberg 14/15 F 3
Göttingen 33 C 3
Göttlin 14/15 E 4
Gottow 16/17 B 7
Götz 14/15 F 5
Götzer Berg, Berg 14/15 FG 5
Goughinsel 62/63.1 J 9
Goyatz-Guhlen 16/17 E 7
Gräben 18/19 A 2
Gräbendorf 16/17 C 7
Grabow, Heiligengrabe- 14/15 E 2
Grabow, Stadt 14/15 B 1
Grabow-Buckow 14/15 D 1/2
Grado 52/53 L 5
Gräfendorf, Herzberg- 18/19 DE 4
Gräfendorf, Niederer Fläming- 18/19 D 3
Gräfenhainichen 12/13 C 5
Grahamland 62/63.1 FG 9
Grajische Alpen 52/53 DE 5
Grambow 16/17 F 2
Grampian Mountains 55 DE 3
Gramzow 16/17 E 3
Gran Paradiso, Berg 52/53 E 5
Gran Sasso d'Italia, Berg 58/59 E 4
Granada 57 DE 4
Grande Chartreuse 52/53 C 5
Gräningen 14/15 E 4
Grano 18/19 K 3
Gransee 14/15 H 3
Grassau, Bismark- 14/15 B 4
Grassau, Schönewalde- 18/19 DE 3
Grasse 52/53 D 7
Graubünden 52/53 G 4
Graudenz 50 K 2
Graustein (Syjk) 18/19 J 4
Gray 52/53 C 3
Graz 44/45 M 6
Great Yarmouth 55 GH 5
Grebs 18/19 B 1
Grebs-Niendorf 14/15 A 1/2
Greenock 55 D 4
Greenwich, London- 55 FG 6
Greifenhagen (Gryfino) 16/17 F 2/3
Greifenhain (Maliń) 18/19 H 4
Greiffenberg 16/17 D 3
Greifswald 33 E 1
Greiz 33 E 3
Grenada 62/63.1 F 5
Grenoble 56 GH 5
Greppin 18/19 A 4
Grieben 14/15 H 3
Griebo 18/19 B 3
Griechenland 44/45 M-O 7/8
Griesen 18/19 A 3
Grießen (Grěšna) 18/19 K 3
Grimme 18/19 A 2
Grimnitzsee 14/15 L 3
Grimsby 55 FG 5
Grimsel, Berg 52/53 F 4
Grimsey 54 B 1
Grímsvötn 54 B 2
Grmeč 52/53 O 6
Gröben 16/17 A 6
Gröbern 18/19 AB 4
Gröbitz 18/19 F 4
Gröden 18/19 F 5
Gröditsch (Groźišćo) 16/17 D 7
Gröditz 18/19 E 5
Grodno 50 MN 2
Grohnde 34 C 2
Groningen 33 B 2
Grönland (Dänemark) 62/63.1 F-J 1/2
Grosny 44/45 RS 7
Groß Bademeusel 18/19 K 4
Groß Behnitz 14/15 F 4
Groß Beuchow (Buchow) 18/19 G 3
Groß Breese 14/15 C 2
Groß Briesen 18/19 AB 1
Groß Döbbern (Wjelike Dobrynje) 18/19 J 4
Groß Dölln 14/15 K 2
Groß Drewitz 18/19 K 2/3
Groß Düben (Dźěwin) 18/19 K 4
Groß Fredenwalde 14/15 KL 2
Groß Gaglow (Gogolow) 18/19 J 4
Groß Garz 14/15 B 3
Groß Glienicke 14/15 H 5
Groß Godems 14/15 C 1
Groß Haßlow 14/15 F 2
Groß Jamno 18/19 K 4
Groß Jehser 18/19 G 3
Groß Kienitz 16/17 B 6
Groß Kölzig (Wjeliki Kólsk) 18/19 K 4
Groß Köris 16/17 C 7
Groß Krams 14/15 A 1
Groß Kreutz (Havel) 14/15 FG 5
Groß Laasch 14/15 B 1
Groß Leine (Wjelike Linje) 18/19 H 3
Groß Leuthen (Lutol) 16/17 E 7
Groß Lindow 16/17 G 7
Groß Lübbenau (Lubiń) 18/19 GH 3
Groß Luckow 16/17 D 1
Groß Luja (Łojow) 18/19 J 4
Groß Machnow 16/17 BC 6
Groß Miltzow 16/17 C 1
Groß Muckrow 16/17 FG 7
Groß Naundorf 18/19 D 4
Groß Nemerow 16/17 A 2
Groß Neuendorf 16/17 F 5
Groß Oßnig (Wjeliki Wóseńk) 18/19 J 4
Groß Pankow (Prignitz) 14/15 D 2
Groß Rietz 16/17 EF 7
Groß Särchen 18/19 J 5
Groß Schacksdorf-Simmersdorf (Tšěšojce-Žymjerojce) 18/19 K 4
Groß Schönebeck 14/15 K 3
Groß Schulzendorf 16/17 B 6
Groß Schwechten 14/15 C 4
Groß Warnow 14/15 B 2
Groß Ziescht 18/19 E 3
Groß Ziethen 16/17 D 4
Groß-Briesen 16/17 F 7
Groß-Klessow (Klěšow) 18/19 G 3
Groß-Mehßow 18/19 G 4
Groß-Ziethen 14/15 H 3/4
Großbeeren 14/15 J 5
Großbeuthen 16/17 A 6/7
Großbritannien 44/45 G-J 4/5
Großderschau 14/15 E 3
Große Röder, Fluss 18/19 E 5
Große Salzwüste 44/45 TU 9
Große Schütt 50 J 4/5
Große Syrte 44/45 M 9
Großer Arber, Berg 33 E 4
Großer Belt 54 D 4
Großer Küstrinsee 14/15 J 2
Großer Lychensee 14/15 J 2
Großer Sankt Bernhard 52/53 E 5
Großer Seddiner See 18/19 D 1
Großer Selchower See 16/17 D 7
Großer Stechlinsee 14/15 H 2
Großer Storkower See 16/17 DE 7

Dre – Gro

Namenregister
71

Großer Wentowsee 14/15 HJ 2
Großer Zechliner See 14/15 G 2
Großer Zernsee 14/15 G 5
Großes Ungarisches Tiefland 58/59 HJ 2
Grosseto 58/59 D 4
Großglockner, Berg 44/45 L 6
Großkmehlen 18/19 F 5
Großkoschen 18/19 H 4
Großmutz 14/15 H 3
Großräschen 18/19 GH 4
Großrössen 18/19 DE 4
Großthiemig 18/19 F 5
Großtreben-Zwethau 18/19 CD 4
Großvenediger, Berg 52/53 K 3
Großwardein 58/59 JK 2
Großwoltersdorf 14/15 H 2
Großwudicke 14/15 D 4
Großwulkow 14/15 D 4/5
Großziethen 14/15 J 5
Grube 14/15 C 2
Grubo 18/19 B 2
Grudziądz 50 K 2
Grüna 18/19 D 2
Grünberg, Brüssow- 16/17 E 2
Grünberg (Schlesien) 50 HJ 2/3
Grüneberg 14/15 HJ 3
Grünefeld 14/15 G 4
Grünewald 18/19 GH 5
Grünewalde 18/19 F 4
Grünheide (Mark) 16/17 D 6
Grunow 16/17 E 5
Grünow (Mecklenburg) 14/15 J 1
Grünow (bei Prenzlau) 16/17 D 2
Grunow-Dammendorf 16/17 F 7
Grüntal 14/15 K 4
Grünz 16/17 E 2
Gstaad 52/53 E 4
Guadalajara 57 E 2
Guadalquivir 44/45 GH 8
Guadeloupe 62/63.1 F 5
Guadiana 44/45 G 8
Guadix 57 E 4
Guam (USA) 62/63.1 R 5
Guarda 57 C 2
Guatemala 62/63.1 E 5
Guayana 62/63.1 F/G 5
Guben (Gubin) 18/19 K 3
Gudbrandsdal 54 CD 3
Gudelacksee 14/15 G 3
Guelma 58/59 B 7
Guernsey 55 E 7
Gühlen-Glienicke 14/15 FG 2
Guhrow (Góry) 18/19 H 3
Guinea 62/63.1 J 5
Guinea-Bissau 62/63.1 J 5
Gulben 18/19 J 3
Guleman 46/47 QR 8
Gülitz-Reetz 14/15 C 2
Gülper See 14/15 DE 4
Gumbinnen 50 M 1
Gummersbach 34 BC 3
Gumtow 14/15 DE 3
Gundremmingen 34 D 4
Günterberg 16/17 DE 3
Gurjew 44/45 T 6
Gurk, Fluss 52/53 M 4
Gurk, Kloster 52/53 M 4
Gurktaler Alpen 52/53 LM 3/4
Gusow-Platkow 16/17 F 5
Güssefeld 14/15 A 4
Gussew 50 M 1
Gussow 16/17 C 6
Güstebiese (Gozdowice) 16/17 F 4
Güstebieser 16/17 F 4
Güstow 14/15 L 1
Güstrow 33 E 2
Guteborn 18/19 G 5
Gutengermendorf 14/15 H 3
Güterfelde 14/15 H 5
Gütersloh 33 C 3
Györ 58/59 G 2

H

Haage 14/15 F 4
Haardt 33 BC 4
Haarlem (Niederlande) 56 FG 1
Haasow (Hažow) 18/19 J 4
Habichtswald, Naturpark 40 C 3
Hadersleben 50 E 1
Hagelberg, Berg 18/19 AB 2
Hagen 33 B 3
Hagenau (Haguenau) 33 B 4
Hahn, Flugplatz 35 B 4
Haida 18/19 E 5
Haiderabad 62/63.1 N 5
Haiti 62/63.1 F 5
Hakenberg 14/15 G 3
Halab 44/45 Q 8
Halbe 16/17 C 7
Halbendorf (Brězowka) 18/19 K 4
Halbinsel Kanin 44/45 RS 2
Halbinsel Kola 44/45 Q 2
Halenbeck-Rohlsdorf 14/15 E 2
Halle 33 D 3
Halmstad 54 D 4
Halse (Porzecze) 16/17 FG 5
Haltiatunturi, Berg 54 F 2
Hama 60 E 2
Hamadan 44/45 S 9
Hamar 54 D 3
Hamburg, Bundesland 32 D 2
Hamburg, Stadt 33 CD 2
Hämeenlinna 54 F 3
Hameln 33 C 2
Hamm 33 B 3
Hammamet 58/59 D 7
Hammelspring 14/15 JK 2
Hammer 14/15 J 3
Hammerfest 44/45 NO 1
Hanau 34 C 3
Hänchen 18/19 HJ 4
Hangelsberg 16/17 D 6
Hanka, Fluss 16/17 G 6
Hanko 54 F 4
Hannover 33 C 2
Hanoi (Vietnam) 62/63.1 P 4
Haparanda 54 F 2
Harare (Simbabwe) 62/63.1 L 6
Harburger Berge, Naturpark 40 C 2
Hardangerfjord 54 C 3
Hardangervidda, Bergland 54 C 3
Hardenbeck 14/15 JK 1
Härnösand 54 E 3
Harstad 54 E 2
Hartberg 52/53 N 3
Hartmannsdorf, Lübben- 18/19 G 3
Hartmannsdorf Spreenhagen- 16/17 D 6
Harwich 55 G 6
Harz 33 D 3
Hase, Fluss 33 B 2
Haselberg 16/17 E 5
Haseloff-Grabow 18/19 C 2
Häsen 14/15 H 3
Hasenfelde 16/17 E 6
Haskovo 58/59 L 5
Hassel 14/15 C 4
Hassi Messaud 46/47 H 9
Hassi R'mel 46/47 J 10
Haßleben 14/15 KL 2
Hastings 55 G 6
Haugesund 54 BC 4
Hauptgraben, Fluss 16/17 F 5
Hausruck 52/53 L 2
Haussee 14/15 K 2
Havanna (Kuba) 62/63.1 E 4
Havelaue 14/15 E 4
Havel, Fluss 33 E 2
Havelberg 14/15 D 3
Havelkanal 14/15 H 4
Havelland 14/15 E-G 4
Havelländischer Großer Hauptkanal 14/15 FG 4
Havelländisches Luch 14/15 E-G 4
Havelsee 14/15 EF 4
Heardinsel (Australien) 62/63.1 N 8
Hebriden 44/45 G 4
Heckelberg-Brunow 16/17 D 5
Heide (Holstein) 34 C 1
Heideblick 18/19 F 3
Heideland 18/19 F 4
Heidelberg 33 C 4
Heidenheim 33 D 4
Heidesee 16/17 D 6
Heilbronn 33 C 4
Heiligenblut 52/53 KL 3/4
Heiligendamm 40 DE 1
Heiligenfelde 14/15 AB 3
Heiligengrabe 14/15 E 2
Heinersbrück (Móst) 18/19 K 3
Heinersdorf 16/17 EF 6
Hekla 54 AB 2
Helenensee 16/17 FG 6
Helgeland 54 D 2
Helle 14/15 D 2
Hellín 57 F 3
Helmstedt 33 D 2
Helpt 16/17 C 1
Helpter Berge, Berg 16/17 C 2
Helsingborg 54 D 4
Helsingör 54 D 4
Helsinki (Finnland) 44/45 NO 3
Hengelo 34 B 2
Hennersdorf 18/19 F 4
Hennickendorf, Nuthe-Urstromtal- 16/17 A 7
Hennickendorf, Rüdersdorf- 16/17 D 5
Hennigsdorf 14/15 H 4
Herborn 34 C 3
Herford 33 C 2
Hermannstadt 58/59 L 3
Hermersdorf/Obersdorf 16/17 E 5
Hermsdorf 18/19 G 5
Herrendorf (Chlopowo) 16/17 G 4
Herzberg, Rietz-Neuendorf- 16/17 E 7
Herzberg (Elster) 18/19 E 4
Herzberg (Mark) 14/15 G 3
Herzegowina, Bosnien- 58/59 GH 3/4
Herzfeld 14/15 C 1
Herzfelde, Rüdersdorf- 16/17 D 6
Herzfelde, Templin- 14/15 K 2
Herzsprung, Angermünde- 16/17 DE 4
Herzsprung, Heiligengrabe- 14/15 EF 2
Hessen, Bundesland 32 C 3
Hettstedt 34 D 3
Hetzdorf 16/17 C 2
Highlands 55 DE 3
Hildesheim 33 C 2
Hildesheimer Börde 48 CD 2
Hillmersdorf 18/19 F 4
Himmelpfort 14/15 HJ 2
Hindenburg 14/15 C 3
Hinnöy 54 E 2
Hinrichshagen 16/17 C 2
Hirschberg, Stadt (Riesengebirge) 51 HJ 3
Hirschberge, Berg 16/17 F 6
Hirschfeld 18/19 F 5
Hirschfelde 16/17 D 5
Hirseberg 18/19 B 3
Hirtshals 54 CD 4
Hitra 54 C 3
Hitzacker 40 D 2
Ho-Tschi-Minh-Stadt 62/63.1 P 5
Hochalmspitze 52/53 L 3/4
Hochfeiler, Berg 52/53 J 4
Hochgall 52/53 K 4
Hochgolling, Berg 52/53 L 3
Hochland der Schotts 44/45 HJ 8/9
Hochschwab 52/53 MN 3
Hoek van Holland 56 FG 2
Hof 33 D 3
Hofsjökull 54 B 2
Höhbeck 14/15 A 2
Hohe Gieck, Berg 18/19 B 4
Hohe Mark, Naturpark 40 B 3
Hohe Tauern 33 E 5
Hohe Warte, Berg 52/53 K 4
Hohen Neuendorf 14/15 HJ 4
Hohenahlsdorf 18/19 D 3
Hohenberg-Krusemark 14/15 CD 4
Hohenbocka 18/19 GH 5
Hohenbruch 14/15 H 3
Hohenbrück-Neu Schadow (Wusoki Móst-Nowy Škódow) 16/17 D 7
Hohenbucko 18/19 EF 3
Hohenferchesar 14/15 EF 4/5
Hohenfinow 16/17 D 4
Hohengöhren 14/15 D 4
Hohengüstow 16/17 D 3
Höhenland 16/17 D 5
Hohenleipisch 18/19 F 4
Hohennauen 14/15 E 4
Hohennauener See 14/15 E 4
Hohenreinkendorf 16/17 F 3
Hohensaaten 16/17 E 4
Hohensaaten-Friedrichsthaler Wasserstraße 16/17 EF 3/4
Hohensalza 50 JK 2
Hohenseefeld 18/19 E 3
Hohenselchow-Groß Pinnow 16/17 F 3
Hohenstein 16/17 D 5
Hohenwulsch 14/15 B 4
Hohenwutzen 16/17 E 4
Hohenzieritz 16/17 A 2
Hoher Atlas 44/45 G 9
Hoher Berg, Berg 18/19 K 4
Hoher Fläming 18/19 AB 2
Hoher Timpberg, Berg 14/15 J 3
Hoher Vogelsberg, Naturpark 40 C 3
Hohes Rott, Berg 14/15 F 4
Hohes Venn 33 AB 3
Holbeck 16/17 B 7
Holldorf 16/17 B 2
Höllenberge, Berg 18/19 E 3
Hólmevík 54 A 1
Holstebro 54 C 4
Holsteinische Schweiz, Naturpark 40 CD 1
Holyhead 55 D 5
Holzdorf 18/19 D 3
Holzendorf 14/15 KL 1
Hölzerner See 16/17 CD 7
Holzhausen 14/15 E 3
Holzweißig 18/19 A 4
Homert, Naturpark 40 BC 3
Homs 44/45 Q 9
Honduras 62/63.1 E 5
Hönefoss 54 CD 3
Hongkong 62/63.1 P 4
Hönow 14/15 K 4
Hoppegarten 14/15 K 4
Hoppegarten, Müncheberg- 16/17 DE 5
Hoppenrade 14/15 D 2
Hörlitz 18/19 G 4
Horn, Kap (Island) 54 A 1
Hornavan, Fluss 54 E 2
Horno (Rogow) 18/19 K 3
Hornow-Wadelsdorf (Lěšće-Zakrjejc) 18/19 JK 4
Horstdorf 18/19 A 3
Horstfelde 16/17 B 7
Hosena 18/19 H 5
Hospitalet 57 GH 2
Housten 62/63.1 E 4
Hoyerswerda (Wojerecy) 18/19 J 5
Hradec Králové 50 H 3
Huddersfield 55 F 5
Huelva 57 C 4
Huesca 57 FG 1
Hull 55 F 5
Humber, Fluss 55 G 5
Hünabucht 54 A 1
Hundeluft 18/19 A 3
Hunedoara 58/59 K 3
Hunsrück 33 B 3/4
Hunte, Fluss 33 C 2
Húsavík 54 B 1
Husum 33 C 1
Hutberg (bei Eisenhüttenstadt), Berg 16/17 G 7
Hutberg (bei Schönewalde), Berg 18/19 E 3
Hüttener Berge, Naturpark 40 C 1
Hvar 58/59 G 4
Hyères 52/53 D 7

I

Ialomita 58/59 M 3
Iaşi 44/45 O 6
Iberisches Randgebirge 57 EF 2
Ibiza, Insel 57 G 3
Ibiza, Stadt 57 G 3
Ida, Berg 58/59 L 8
Idar-Oberstein 33 B 4
Iden 14/15 C 3
Iesolo 58/59 E 3
Iglau 50 H 4
Iglesias 58/59 BC 6
Ihlow 18/19 E 3
Iisalmi 54 G 3
Ijssel, Fluss 56 H 1
Ijsselmeer 56 G 1
Ikaria 58/59 LM 7
Ile de France 56 EF 3
Iles d'Hyères 56 H 6
Iller, Fluss 33 D 4/5
Ilmensee 44/45 OP 4
Imandrasee 54 H 2
Imatra 54 G 3
Imola 52/53 J 6
Imperia 52/53 F 7
Imroz 58/59 LM 5
Inari 54 G 2
Inarisee 54 G 2
Indalsälv, Fluss 44/45 LM 3
Indien 62/63.1 NO 4/5
Indischer Ozean 64/65.1
Ingolstadt 33 D 4
Inn, Fluss 33 E 4
Innsbruck 33 D 5
Innviertel 52/53 L 2
Inowrocław 50 JK 2
Insel 14/15 C 4
Inta 46/47 UV 2
Interlaken 52/53 EF 4
Inverness 55 DE 3
Ioannina 58/59 J 6
Ionische Inseln 58/59 HJ 6/7
Ionisches Meer 44/45 M 8
Ipswich 55 G 5
Irak 62/63.1 LM 4
Iraklion 58/59 L 8
Iran 62/63.1 MN 4
Irische See 44/45 GH 5
Irkutsk 62/63.1 P 3
Irland 44/45 EF 4/5
Irtysch, Fluss 44/45 X 3/4
Isafjord 54 A 1
Isafjördhur 54 A 1
Isar, Fluss 33 DE 4/5
Ischewsk 44/45 T 4
Ischia 58/59 E 5
Ischim, Fluss 44/45 W 5
Ischimsteppe 44/45 WX 4/5
Iseosee 52/53 H 5
Isfahan 44/45 T 9
Iskenderun 60 E 2
Isker 58/59 L 4
Islamabad (Pakistan) 62/63.1 N 4
Island 62/63.1 HJ 2
Islandbecken 44/45 D 3/4
Islay 55 CD 4
Ismail 58/59 N 3
Isògre 56 G 5
Isonzo, Fluss 52/53 L 4
Isparta 60 D 2
Israel 62/63.1 L 4
Istanbul 60 C 1
Istanbul-Üsküdar 58/59 N 5
Istrancagebirge 58/59 MN 4/5
Istrien 58/59 EF 3
Italien 44/45 K-M 6-8
Itzehoe 33 C 2
Iwanowo 44/45 R 4
Izmir 60 C 2
Izmit 60 C 1
Iznik 58/59 N 5
Izniksee 58/59 N 5

J

Jablonizkipass 58/59 L 1
Jablunkapass 50 K 4
Jacobsdorf 16/17 F 6
Jaebetz 14/15 E 1
Jaén 57 E 4
Jaffa, Tel Aviv- 44/45 P 9
Jäglitz, Fluss 14/15 E 2
Jagow 16/17 D 2
Jagst, Fluss 33 CD 4
Jahnsfelde 16/17 E 5
Jajce 52/53 P 6
Jakarta (Indonesien) 62/63.1 P 6
Jalón 57 F 2
Jalta 44/45 PQ 7
Jamaika 62/63.1 EF 5
Jamantau 44/45 U 5
Jambol 58/59 M 4
Jamlitz 18/19 J 3
Jämlitz-Klein Düben (Jemjelica) 18/19 K 4
Jämtland 54 DE 3
Jan Mayen (Norwegen) 62/63.1 J 2
Jänickendorf 16/17 AB 7
Jannowitz 18/19 G 5
Jänschwalde (Janšojce) 18/19 K 3
Jap (USA-Verwaltung) 62/63.1 QR 5
Japan 62/63.1 QR 3/4
Jarchau 14/15 C 4
Jaroslawl 44/45 Q 4
Jasmund, Nationalpark 40 EF 1
Java 62/63.1 P 6
Jeber-Bergfrieden 18/19 A 2/3
Jeetze 14/15 A 4
Jeggeleben 14/15 A 3
Jehserig (Jazorki) 18/19 HJ 4
Jekaterinburg 44/45 V 4
Jelgava 54 F 4
Jemen 62/63.1 M 5
Jena 33 D 3
Jenissei, Fluss 62/63.1 OP 2/3
Jerchel 14/15 E 5
Jerez de la Frontera 57 CD 4
Jersey 55 E 7
Jerusalem 44/45 PQ 9
Jesd 44/45 TU 9
Jeserig, Groß Kreutz- 14/15 F 5
Jeserig, Wiesenburg- 18/19 A 2
Jessen (Elster) 18/19 CD 3
Jessern (Jaserń) 16/17 E 7
Jeßnigk 18/19 E 4
Jessnitz, Raguhn- 18/19 A 4
Jetsch 18/19 F 3
Jihlava 50 H 4
Jiu 58/59 KL 3
Joachimsthal 14/15 K 3
Joensuu 54 GH 3
Jokkmokk 54 E 2
Jönköping 54 DE 4
Jordanien 62/63.1 L 4
Jostedalsbre 54 C 3
Jotunheim 54 C 3
Júcar 57 F 3
Jüdenberg 18/19 A 3
Judenburg 52/53 M 3
Jugoslawien 44/45 MN 6/7
Jühnsdorf 16/17 B 6
Jülicher Börde 48 B 3
Julische Alpen 52/53 L 4
Juneau 62/63.1 C 3
Jungfrau, Berg 52/53 EF 4
Jura, Insel 55 CD 3
Jüterbog 18/19 D 2
Jütland 54 C 4
Jyväskylä 54 FG 3

K

Kaakstedt 14/15 L 2
Kablow 16/17 CD 6
Kabul 62/63.1 N 4
Kachowkaer Stausee 44/45 P 6
Kaçkardağı 60 F 1
Kade 14/15 E 5
Kagar 14/15 G 2
Kagel 16/17 D 6
Kahla 18/19 F 5
Kahler Asten, Berg 33 C 3
Kähnsdorf 18/19 D 1
Kahul 58/59 N 3
Kairo (Ägypten) 44/45 P 9/10
Kairuan 58/59 CD 8
Kaiserslautern 33 B 4
Kajaani 54 G 3
Kakau 18/19 A 3
Kalabrien 58/59 G 6
Kalamä 58/59 JK 7
Kalan 60 E 2
Kalbe (Milde) 12/13 A 3
Kaledonischer Kanal 55 D 3
Kalenzig (Kaleńsko) 16/17 G 5
Kalewala 54 H 2
Kalinin → Twer
Kaliningrad 50 L 1
Kalisch 50 K 3
Kalisz 50 K 3
Kalkutta 62/63.1 O 4
Kallinchen 16/17 C 7
Kalmar 54 E 4
Kaluga 44/45 PQ 5
Kama, Fluss 44/45 T 3/4
Kamastausee 44/45 TU 4
Kambodscha 62/63.1 P 5
Kambs 14/15 F 1
Kamensk-Uralski 44/45 V 4
Kamern 14/15 D 3
Kamerun 62/63.1 K 5
Kammerkanal 14/15 GH 1
Kamp 52/53 N 2
Kamtschatka 62/63.1 RS 3
Kanada 62/63.1 B-G 1-3
Kanal, Der 55 EF 6/7
Kanalinseln 42/43 F 6
Kanarische Inseln (Spanien) 44/45 F 10
Kandalakscha 44/45 PQ 2
Kantabrisches Gebirge 57 C-E 1
Kap Arkona 33 E 1
Kap Bares 57 C 1
Kap Blanc 44/45 KL 8
Kap Bon 58/59 D 7
Kap Carvoeiro 57 B 3
Kap Corse 58/59 C 4
Kap Domesnäs 54 F 4
Kap Emine 58/59 MN 4
Kap Finisterre 44/45 FG 7
Kap Gata 57 EF 4
Kap Kamenjak 52/53 LM 6
Kap Kanin Nos 44/45 R 2
Kap Lizard 55 D 7
Kap Maleas 58/59 K 7
Kap Nao 57 G 3
Kap Passero 58/59 F 7
Kap Raz 56 B 3
Kap Santa Maria di Leuca 58/59 H 6
Kap São Vicente 57 B 4
Kap Sideros 58/59 M 8
Kap Spativento 58/59 G 7
Kap Stad 54 BC 3
Kap Tänaron 58/59 K 7
Kap Teulada 58/59 C 6
Kap Verde 62/63.1 H 5
Kap Wrath 55 D 2
Kapela 52/53 MN 5
Kaplice 52/53 M 2
Kaprun 34 E 5
Kapstadt 62/63.1 K 7
Kapuvár 52/53 P 3
Kara-Bogas-Bucht 44/45 T 7
Karabük 60 D 1
Karachi 62/63.1 N 4
Karakaya-Stausee 60 E 2
Karaköse 60 F 2
Karakum 44/45 U 8
Karaman 60 D 2
Karasjok 54 FG 2
Karbala 60 F 3
Karche-Zaacko 18/19 FG 3
Kardzali 58/59 L 5
Karelien 44/45 P 2/3
Karenz 14/15 A 2
Karlingen 34 B 4
Karlobag 52/53 N 6
Karlovac 58/59 FG 3
Karlsbad (Karlovy Vary) 33 E 3
Karlsburg 58/59 K 2
Karlskrona 54 E 4
Karlsruhe, Regierungsbezirk 32 C 4
Karlsruhe, Stadt 33 C 4
Karlstad 54 D 4
Karnische Alpen 52/53 KL 4
Kärnten 52/53 LM 4
Karolinen (USA-Verwaltung) 62/63.1 R 5
Karow 14/15 DE 5
Karpaten 44/45 M-O 6
Karpaten, Kleine 52/53 P 2
Karpaten, Weiße 52/53 P 2
Karpathos 58/59 M 8
Karrenzin 14/15 C 1
Kars 60 F 1
Karst 58/59 EF 3
Karstädt (Mecklenburg) 14/15 AB 1
Karstädt (Prignitz) 14/15 BC 2
Karstlandschaft Südharz, Biosphärenreservat 40 D 3
Kartaly 44/45 V 5
Karthago 58/59 D 7
Karthane, Fluss 14/15 CD 2/3
Karwe 14/15 G 3
Karwendelgebirge 52/53 J 3
Karwesee 14/15 G 3
Kas 58/59 N 7
Kasachstan 62/63.1 M-O 3 6
Kasan 44/45 S 4
Kasbek 60 F 1
Kaschau 51 L 4
Kasel-Golzig 18/19 F 3
Kaspische Senke 44/45 ST 6
Kaspisches Meer 44/45 ST 6-8
Kassel, Regierungsbezirk 32 C 3
Kassel, Stadt 33 C 3
Kasserine 58/59 C 8
Kassieck 14/15 AB 4
Kastamonu 60 D 1
Kastilisches Scheidegebirge 57 C-E 2
Kastoria 58/59 J 5
Kaswin 44/45 ST 8
Katalonien 57 GH 1/2
Katar 62/63.1 M 4
Katerbow 14/15 F 3
Katowice 50 K 3
Katschberg 52/53 L 3/4
Kattegat 44/45 L 4
Kattenhofen → Cattenom
Kattowitz 44/45 M 5
Kaufbeuren 33 D 5
Kaukasus 44/45 Q-S 7
Kaulitz 14/15 A 3
Kaunas 44/45 NO 4/5
Kausche 18/19 HJ 4
Kawala 58/59 L 5
Kayseri 60 E 2
Kaz Dağ 58/59 M 6
Kazanläk 58/59 LM 4
Kea 58/59 L 7
Keban-Stausee 60 E 2
Kebnekajse 44/45 M 2
Kecskemét 58/59 H 2
Kefallinia 58/59 J 6
Keflavík 54 A 2
Kehrberg 14/15 D 2
Kehrigk 16/17 D 7
Keilberg, Berg 33 E 3
Kelkit 60 E 1
Kemberg 18/19 B 3
Kemi 54 FG 2
Kemijärvi 54 G 2
Kemijoki 54 G 2
Kemlitz 18/19 F 3
Kemmen 18/19 G 4
Kemnitz, Nuthe-Urstromtal- 18/19 CD 2
Kemnitz, Pritzwalk- 14/15 D 2
Kemnitz, Werder- 14/15 G 5
Kempten 33 D 5
Kenia 62/63.1 LM 5/6
Kerguelen (Frankreich) 62/63.1 N 8
Kerkau 14/15 A 3
Kerkira 58/59 HJ 6
Kerkow 16/17 DE 3
Kerkwitz (Kerkojce) 18/19 K 3
Kermanschah 44/45 S 9
Kertsch 44/45 Q 6
Kerzlin 14/15 F 3
Keşan 58/59 M 5
Kesselberg 18/19 G 4
Keszthely 58/59 G 2
Ketzin/Havel 14/15 G 5
Ketzür 14/15 F 4
Keulenberg, Berg 16/17 A 2
Khartoum (Sudan) 62/63.1 L 5
Khuribga 46/47 G 9
Kiekebusch (Kibuš) 18/19 J 4
Kiel 33 D 1
Kielce 50 L 3
Kieler Bucht 33 D 1
Kienbaum 16/17 DE 6

Gro – Kie

72 Namenregister

Kienberg 14/15 G 4
Kienitz 16/17 F 5
Kieselwitz 16/17 G 7
Kietzer See 16/17 EF 5
Kiew (Ukraine) 44/45 P 5
Kikinda 58/59 J 3
Kilija 58/59 N 3
Kilkenny 55 C 5
Killarney 55 B 5
Kilmarnock 55 DE 4
Kirgisistan 62/63.1 N 3/4
Kirikkale 60 D 2
Kirischi 46/47 P 4
Kirkcaldy 55 E 3
Kirkenes 54 GH 2
Kirklareli 60 C 1
Kirkuk 44/45 RS 8
Kirkwall 55 E 2
Kirow 44/45 S 4
Kirowabad —> Giandscha
Kirowakan 60 FG 1
Kirowsk 46/47 PQ 2
Kirşehir 60 D 2
Kiruna 44/45 N 2
Kisangani 62/63.1 L 5
Kischinau 44/45 OP 6
Kiskunhalas 58/59 H 2
Kithira 58/59 K 7
Kithnos 58/59 L 7
Kittlitz (Dłopje) 18/19 G 3
Kitzbühel 52/53 K 3
Kitzbüheler Alpen 52/53 K 3
Kizilirmak 60 D 1
Kjustendil 58/59 K 4
Kläden, Arendsee- 14/15 A 3
Kläden, Bismark- 14/15 B 4
Kladno 33 F 3
Klagenfurt 52/53 M 4
Klaipéda 50 L 1
Klarälv 44/45 L 3
Klasdorf 16/17 C 7
Klattau (Klatovy) 33 E 4
Klausdorf 16/17 B 7
Klausenburg 44/45 N 6
Klaushagen 14/15 K 2
Klebitz 18/19 C 3
Klein Döbbern (Małe Dobrynje) 18/19 J 4
Klein Gaglow 18/19 HJ 4
Klein Gottschow 14/15 D 2
Klein Kölzig (Mały Kólsk) 18/19 K 4
Klein Loitz (Łojojc) 18/19 JK 4
Klein Luckow 16/17 D 1
Klein Radden (Radyńc) 18/19 G 3
Klein Schulzendorf 16/17 B 7
Klein Schwechten 14/15 C 4
Klein Woltersdorf 14/15 D 2
Klein Ziethen 16/17 D 4
Klein-Mutz 14/15 J 3
Kleinau 14/15 AB 3
Kleine Karpaten 52/53 P 2
Kleine Syrte 44/45 L 9
Kleiner Belt 54 CD 4
Kleiner Pälitzsee 14/15 G 2
Kleiner Rhin, Fluss 14/15 G 2
Kleiner Sankt Bernhard 52/53 DE 5
Kleinmachnow 14/15 HJ 5
Kleinow 14/15 C 2
Kleinzerlang 14/15 G 2
Kleßen-Görne 14/15 EF 4
Klettwitz 18/19 G 4
Kletzke 14/15 D 3
Kleve 33 B 3
Klieken 18/19 A 3
Kliestow 16/17 A 7
Klietz 14/15 D 4
Klinkow 14/15 L 1
Klitsche 14/15 D 5
Klitten (Klětno) 18/19 K 5
Klöden 18/19 C 3
Kłodzko 50 J 3
Kloppitz (Kłopot) 16/17 G 7
Kloster Lehnin 14/15 F 5
Kloster Zinna 18/19 D 2
Klosterdorf 16/17 D 5
Klosterfelde 14/15 J 3
Klosterneuburg 52/53 O 2
Klosterwalde 14/15 K 2
Knin 52/53 O 6
Knippelsdorf 18/19 E 3
Knossos 58/59 L 8
Koàevje 52/53 M 5
Købenbavn 54 D 4
Koblentz 16/17 E 1
Koblenz 33 B 3
Kohlow (Kowalów) 16/17 GH 6
Kohlsdorf 16/17 E 7
Kohtla-Järve 54 G 4
Kokkola 54 F 3
Kokosinseln (Australien) 62/63.1 O 6
Koktschetaw 44/45 WX 5
Kolberg 16/17 D 7
Kolgujew 44/45 S 2
Kolin 51 H 3/4
Kolkwitz (Golkojce) 18/19 HJ 3
Köln, Regierungsbezirk 32 B 3
Köln, Stadt 33 B 3
Kolochau 18/19 E 4
Kolpin 16/17 D 6
Kölpinsee 14/15 K 2
Kölsa 18/19 D 4
Kolumbien 62/63.1 F 5/6
Kolzenburg 16/17 A 7
Komoren 62/63.1 M 6
Komotau (Chomutov) 33 E 3
Komptendorf (Górjenow) 18/19 J 4
Kongo, Fluss 62/63.1 KL 5/6
Kongo, Staat 62/63.1 K 5/6
Königgrätz 50 H 3
Königs Wusterhausen 16/17 C 6
Königsberg, Heiligengrabe- 14/15 E 2
Königsberg (Chojna) 16/17 F 4
Königsberg, Stadt 44/45 N 5
Königshorst 14/15 G 4
Königsmark 14/15 C 3
Königstedt 14/15 A 3
Konin 50 K 2
Konoscha 44/45 R 3
Konschakowski Kamen 44/45 U 3/4
Konstanz 33 C 5
Konstanza 44/45 OP 7
Konya 60 D 2
Kopaonik 58/59 J 4
Kopenhagen (Dänemark) 44/45 KL 4
Koper 52/53 L 5
Koppatz (Kopac) 18/19 J 4
Koprivnica 52/53 O 4
Koralpe 52/53 MN 4
Korana, Fluss 52/53 N 5
Koräula 58/59 G 4
Korcë 58/59 J 5
Korfu 58/59 H 6
Korgau 18/19 C 4
Korinth 58/59 K 7
Kornat 52/53 N 7
Köroğlu dağlari 60 D 1
Körös, Fluss 58/59 J 2
Korsika 44/45 K 7
Kos 58/59 M 7
Kosilenzien 18/19 E 5
Köslin 50 J 1
Kosovka Mitrovica 58/59 J 4
Kosovo, Staat 42/43 L 7
Kossa 18/19 B 4
Koßdorf 18/19 D 4
Kossebau 14/15 B 3
Kossenblatt 16/17 E 7
Koßwig (Kósojce) 18/19 H 3
Kostebrau 18/19 G 4
Kostroma 44/45 R 4
Koszalin 50 J 1
Kotka 54 G 3
Kotlas 44/45 S 3
Kotor 58/59 H 4
Kottenforst-Ville, Naturpark 40 B 3
Kotzen 14/15 F 4
Kötzlin 14/15 DE 3
Kozara 52/53 OP 5/6
Kraatz-Buberow 14/15 H 3
Krackow 16/17 EF 2
Kragujevac 58/59 J 3
Krähenberge, Berg 14/15 G 2
Krahne 18/19 B 1
Krain 52/53 M 5
Krakau (Kraków) 44/45 MN 5/6
Kraljevo 58/59 J 4
Kramfors 54 E 3
Krampfer 14/15 D 2
Krangen 14/15 G 3
Kranj 52/53 M 4
Kransfelde (Krzypnica) 16/17 F 3
Kränzlin 14/15 FG 3
Krasnodar 44/45 Q 6
Krasnowodsk 44/45 TU 7
Kraupa 18/19 F 4
Krauschwitz (Kruświca) 18/19 KL 4
Krausnick-Groß Wasserburg 16/17 D 7
Krausnicker Berge, Berg 16/17 D 7
Kreba-Neudorf (Chrebja-Nowa Wjes) 18/19 K 5
Kreblitz 18/19 F 3
Kreckow 16/17 C 1
Krefeld 34 B 3
Krementschug 46/47 P 6
Krementschuger Stausee 44/45 P 6
Kremitz 18/19 D 3
Kremitzaue 18/19 E 4
Kremmen 14/15 GH 3
Kremmin 14/15 B 1
Krempendorf 14/15 D 1
Krems 52/53 N 2
Kreta 44/45 O 9
Krevese 14/15 B 3
Krewelin 14/15 J 3
Kribbe 14/15 C 2
Krielow 14/15 G 5
Krieschow 18/19 H 3
Krim 44/45 P 6
Krina 18/19 AB 4
Kristiansand 54 C 4
Kristianstad 54 DE 4
Kristiansund 54 C 3
Kriwoi Rog 44/45 P 6
Krk, Insel 58/59 F 3
Krk, Stadt 52/53 M 5
Krka, Fluss 52/53 N 7
Kroatien 44/45 LM 6/7
Kröbeln 18/19 E 5
Kromlau (Kromola) 18/19 K 4
Kronstadt (bei Sankt Petersburg) 54 G 3/4
Kronstadt (Rumänien) 58/59 LM 3
Kroppen 18/19 G 5
Kropstädt 18/19 B 3
Krüden 14/15 B 3
Krugau (Dubrawa) 16/17 DE 7
Krugberg, Berg 16/17 E 5
Kruge/Gersdorf 16/17 D 4
Krügersdorf 16/17 F 7
Krugsdorf 16/17 E 1
Krümmel 34 D 2
Krummensee 14/15 K 4
Kuba 62/63.1 EF 4
Kuban 44/45 QR 6/7
Kublank 16/17 C 1
Küdow-Lüchfeld 14/15 F 3
Kufstein 33 E 5
Kuhbier 14/15 D 2
Kuhlowitz 18/19 B 2
Kuhsdorf 14/15 D 2
Kuhzer See 14/15 K 2
Kuibyschew —> Samara, Stadt
Kulsary 44/45 TU 6
Kum 44/45 T 9
Kumairi 44/45 R 7
Kumanovo 58/59 JK 4
Kummer 14/15 A 1
Kümmernitztal 14/15 D 2
Kummersdorf 16/17 D 6
Kummersdorf-Alexanderdorf 16/17 B 7
Kummersdorf-Gut 16/17 B 7
Kunersdorf 16/17 E 5
Kunow, Gumtow- 14/15 D 2
Kunow, Schwedt- 16/17 F 3
Kuopio 54 G 3
Kupa 58/59 G 3
Kura 44/45 S 7
Kurdistan 60 F 2
Kurgan 44/45 W 4
Kurilen (Russland) 62/63.1 R 3
Kurisches Haff 50 L 1
Kurland 54 F 4
Kursk 44/45 Q 5
Kurtschlag 14/15 J 2/3
Kuschkow (Kuškow) 16/17 D 7
Kustanai 44/45 VW 5
Küstenkanal 33 B 2
Küstrin (Kostrzyn) 16/17 GH 5
Küstrin-Kietz 16/17 G 5
Küstriner Vorland 16/17 FG 5
Kütahya 60 CD 2
Kutaissi 44/45 R 7
Kutno 50 K 2
Kutschenberg, Berg 18/19 F 5
Kuwait 44/45 S 10
Kvarner 58/59 F 3
Kvarnerić 52/53 M 6
Kyffhäuser, Naturpark 40 D 3
Kykladen 44/45 NO 8
Kyritz 14/15 E 3

L

La Chaux-de Fonds 52/53 D 3
La Ciotat 52/53 C 7
La Coruña 44/45 FG 7
La Línea 57 D 4
La Mancha 57 E 3
La Paz (Bolivien) 62/63.1 F 6
La Rochelle 56 D 4
La Sagra, Berg 57 E 3/4
La Spezia 58/59 CD 3
Laaslich 14/15 B 2
Laasow (Łaz) 18/19 H 4
Labussee 14/15 G 2
Lacanau-Océan 56 D 5
Ladeburg 14/15 K 4
Ladogasee 44/45 P 3
Lågen, Fluss 54 CD 3
Lago Maggiore 58/59 C 3
Lagos (Portugal) 57 B 4
Lahn, Fluss 33 B 3
Lahti 54 G 3
Laibach 44/45 L 6
Lakkadiven (Indien) 62/63.1 N 5
L'Alpe d'Huez 52/53 D 5
Lamego 57 BC 2
Lamia 58/59 K 6
Lampedusa 58/59 E 8
Lancaster 55 E 4/5
Land Lebus 16/17 EF 6
Land Schollene 14/15 D 4
Land's End 44/45 G 5
Ländchen Friesack 14/15 F 4
Ländchen Rhinow 14/15 E 4
Landeck 33 D 5
Landes 56 D 5
Landin 16/17 E 3
Landsberg (an der Warthe) 50 H 2
Landshut 33 E 4
Langen 14/15 G 3
Langengrassau 18/19 F 3
Langenlipsdorf 18/19 D 3
Langennaundorf 18/19 E 4
Langer Berg, Berg 16/17 D 5
Langer See (bei Berlin) 14/15 K 5
Langerwisch 18/19 D 1
Langewahl 16/17 E 6
Langres 52/53 C 3
Languedoc 56 FG 6
Lanke 14/15 K 3
Lanz 14/15 B 2
Laos 62/63.1 P 4/5
Lappland 44/45 N-P 2
L'Aquila 58/59 E 4
Larisa 58/59 K 6
Larne 55 D 4
Larvik 54 CD 4
Lärz 14/15 F 1
Latina 58/59 E 5
Lattakia 44/45 Q 8
Laubsdorf (Libanojce) 18/19 J 4
Laubst (Lubošc) 18/19 HJ 4
Laubusch 18/19 H 5
Lauchhammer 18/19 F 4
Lausanne 52/53 D 4
Lausitz 18/19 E 4
Lausitzer Grenzwall (Łužiska wuhroda) 18/19 F-J 3/4
Lausitzer Neiße (Łužiska Nysa), Fluss 33 F 3
Lauta (Łuty) 18/19 H 5
Laval 56 D 3
Lawitz 16/17 G 7
Le Creusot 56 FG 4
Le Havre 44/45 HJ 6
Le Mans 56 E 3/4
Le Puy 56 FG 5
Le Touquet-Paris-Plage 56 E 2
Le Vigan 56 F 6
Lebehn 16/17 F 2
Lebien 18/19 C 4
Lebus 16/17 FG 6
Lebusa 18/19 E 3
Lecce 58/59 H 5
Lech, Fluss 33 D 4/5
Lechtaler Alpen 52/53 H 3
Leeds 55 F 5
Leegebruch 14/15 H 4
Leer 33 B 2
Leetza 18/19 C 3
Leeuwarden 33 A 2
Lefkas 58/59 J 6
Legde/Quitzöbel 14/15 CD 3
Legnago 52/53 J 5
Legnica 50 HJ 3
Lehnin 18/19 B 1
Lehnitz 14/15 J 3
Leibnitz 52/53 N 4
Leibsch 16/17 D 7
Leicester 55 F 5
Leine, Fluss 33 C 2/3
Leippe-Torno 18/19 H 5
Leipzig, Stadt 33 E 3
Leiria 57 B 3
Leißnitz 16/17 E 7
Leißow (Lisów) 16/17 G 6
Leitha, Fluss 52/53 O 3
Leizen 14/15 EF 1
Lemberg (Lwow) 44/45 NO 5/6
Lena, Fluss 62/63.1 PQ 2/3
Leninakan —> Kumairi
Leningrad —> Sankt Petersburg
Lentzke 14/15 F 3
Lenzen (Elbe) 14/15 AB 2
Lenzerwische 14/15 A 2
Lenzing 34 E 5
Leoben 52/53 N 3
León 57 D 1
Leppin, Arendsee- 14/15 B 3
Leppin, Lindetal- 16/17 B 2
Lérida 57 G 2
Lerwick 55 F 1
Les Sables-d'Olonne 56 CD 4
Les-Baux 52/53 B 7
Lesbos 58/59 L 6
Lesnica, Berg 12/13 GH 3
Lesotho 62/63.1 L 7
Lessinische Alpen 52/53 HJ 5
Letschin 16/17 F 5
Lettland 44/45 NO 4
Leuenberg 16/17 D 5
Leussow 14/15 A 1
Leuthen (Lutol) 18/19 H 4
Leverkusen 34 B 3
Lewis 55 C 2/3
Lhasa 62/63.1 O 4
Libanon 62/63.1 L 4
Libbenichen 16/17 F 6
Liberia 62/63.1 J 5
Libourne 56 DE 5
Libyen 62/63.1 KL 4
Lichtenberg 14/15 J 1
Lichtenow 16/17 D 6
Lichterfelde-Schacksdorf 18/19 FG 4
Lichterfelde, Altmärkische Wische- 14/15 C 3
Lichterfelde, Schorfheide- 14/15 KL 3
Lido di Iesolo 52/53 KL 5
Liebenthal, Heiligengrabe- 14/15 E 2
Liebenthal, Liebenwalde- 14/15 J 3
Liebenwalde 14/15 J 3
Lieberose (Luboraz) 18/19 HJ 3
Liechtenstein 44/45 K 6
Liegnitz 50 HJ 3
Lienz 52/53 K 4
Liepaja 54 F 4
Liepe 16/17 D 4
Lieps 16/17 A 2
Lieskau (Lěsk, bei Bad Muskau) 18/19 K 4
Lieskau, Lichterfeld-Schacksdorf- 18/19 G 4
Liesten 14/15 A 3
Lietzen 16/17 F 6
Lietzow 14/15 G 4
Liezen 52/53 M 3
Ligurische Alpen 52/53 EF 6
Ligurischer Apennin 52/53 FG 6
Ligurisches Meer 58/59 C 4
L'Ile-Rousse 52/53 F 8
Lille 42/43 G 5
Lillehammer 54 CD 3
Lima (Peru) 62/63.1 F 6
Limassol 60 D 3
Limberg 18/19 H 3
Limerick 55 B 5
Limfjord 54 C 4
Limnos 58/59 L 6
Limoges 44/45 J 6
Limousin 56 EF 5
Limsdorf 16/17 DE 7
Linares 57 DE 3
Linda 18/19 D 3
Lindau 33 C 5
Lindena 18/19 F 4
Lindenau 18/19 F 5
Lindenberg, Ahrensfelde- 14/15 K 4
Lindenberg, Groß Pankow- 14/15 D 2
Lindenberg, Tauche- 16/17 E 7
Lindenbrück 16/17 C 7
Lindendorf 16/17 F 6
Lindesnes 54 C 4
Lindetal 16/17 B 2
Lindow (Mark) 14/15 H 3
Lindtorf 14/15 C 4
Lingen 33 B 2
Linköping 54 E 4
Linosa 58/59 E 8
Linow 14/15 G 2
Linthe 18/19 C 2
Linum 14/15 G 3
Linz 33 F 4
Lióge 56 G 2
Liparische Inseln 58/59 F 6
Lipezk 44/45 QR 5
Lippe, Fluss 33 BC 3
Lissabon (Portugal) 44/45 FG 8
Listerfehrda 18/19 C 3
Litauen 44/45 NO 4/5
Little Minch 55 C 3
Liverpool 44/45 GH 5
Livland 54 G 4
Livno 52/53 P 7
Livorno 58/59 CD 4
Ljubljana 58/59 F 2/3
Lloret de Mar 57 H 2
Lobbese 18/19 B 2
Löben 18/19 D 3
Lobetal 14/15 K 4
Löbnitz 18/19 A 4
Locarno 52/53 F 4
Loch Ness 55 D 3
Löcknitz (bei Berlin), Fluss 16/17 D 6
Löcknitz (bei Karstädt), Fluss 14/15 AB 2
Löcknitz (bei Pasewalk) 16/17 E 2
Locktow 18/19 B 2
Lodi (Norditalien) 52/53 G 5
Łódź 44/45 M 5
Lofotinseln 44/45 L 2
Lögow 14/15 F 3
Logrono 57 EF 1
Löhme 14/15 K 4
Lohsa (Łaz) 18/19 J 5
Loibl 52/53 M 4
Loire, Fluss 44/45 J 6
Lokkastausee 54 G 2
Lolland 33 D 1
Lom 58/59 K 4
Lombardei 58/59 CD 2/3
London (Großbritannien) 55 G 6
Londonderry 55 C 4
Lons-le-Saunier 52/53 C 4
Loose 16/17 F 5
Löpten 16/17 C 7
Lorca 57 F 4
Loreto 58/59 EF 4
Lorient 56 C 4
Lörrach, Stadt 34 BC 5
Los Angeles 62/63.1 D 4
Losinj 58/59 F 3
Lot 56 E 5
Lothringen 56 GH 3
Lough Corrib 55 B 5
Lough Neagh 55 C 4
Lourdes 56 DE 6
Lovere 52/53 H 5
Löwenberg 14/15 H 3
Löwenberger Land 14/15 H 3
Löwenbruch 16/17 B 6
Luanda (Angola) 62/63.1 K 6
Lübben (Spreewald) (Lubin (Błota)) 18/19 GH 3
Lübbenau/Spreewald (Lubnjow/Błota) 18/19 GH 3
Lübbenow 16/17 D 2
Lübbesee 14/15 K 2
Lübbinchen 18/19 K 3
Lübeck 33 D 2
Lübecker Bucht 33 D 1
Lublin 42/43 L 5
Lubolz 18/19 G 3
Lubst, Fluss 18/19 L 3
Lubumbashi 62/63.1 L 6
Lucca 58/59 D 4
Lucena 57 D 4
Luckaitztal 18/19 GH 4
Luckau 18/19 F 3
Luckenwalde 18/19 CD 2
Luckow-Petershagen 16/17 E 2/3
Lückstedt 14/15 B 3
Lüdenscheid 34 B 3
Lüdersdorf, Parsteinsee- 16/17 E 4
Lüdersdorf, Trebbin- 16/17 B 7
Lüdersdorf/Biesdorf 16/17 E 5
Ludorf 14/15 F 1
Ludvika 54 DE 3
Ludwigsburg, Schenkenberg- 16/17 DE 2
Ludwigsburg, Stadt 33 C 4
Ludwigsfelde 16/17 AB 6
Ludwigshafen 33 C 4
Ludwigslust 14/15 B 1
Ludwigsluster Kanal 14/15 A 1
Luga 54 G 4
Lugano 52/53 F 4
Lugansk 44/45 QR 6
Lugau 18/19 F 4
Lugknitz (Łęknica) 18/19 KL 4
Lugo 57 C 1
Luleå 44/45 N 2
Luleälv 54 F 2
Lüleburgaz 58/59 MN 5
Lund 54 D 4
Lundenburg 52/53 OP 2
Lüneburg 33 D 2
Lünow 14/15 F 5
Lunow-Stolzenhagen 16/17 E 4
Lutherstadt Wittenberg 18/19 B 3
Luton 55 FG 6
Lütte 18/19 B 2
Lüttenhagen 14/15 J 1
Lüttich 56 G 2
Lützlow 16/17 E 3
Luxemburg, Staat 56 GH 3
Luxemburg, Stadt 56 GH 3
Luzern 52/53 F 3
Lwow —> Lemberg
Lychen 14/15 J 2
Lyck 50 M 2
Lycksele 54 E 3
Lynow 16/17 B 7
Lyon 44/45 JK 6
Łysogóry 50 L 3

M

Maas, Fluss 33 AB 3
Maas-Schwalm-Nette, Naturpark 40 AB 3
Maasdorf 18/19 E 4
Maastricht 56 G 2
Macau (Portugal) 62/63.1 P 4
Macerata 58/59 E 4
Machatschkala 44/45 ST 7
Mackenzie, Fluss 62/63.1 CD 2/3
Macon (Frankreich) 52/53 BC 4
Macquarieinseln (Australien) 62/63.1 R 8
Madagaskar 62/63.1 M 6/7
Mädewitz 16/17 E 5
Madras 62/63.1 N 5
Madrid (Spanien) 44/45 GH 7
Magdeburg 33 D 2
Mageröy 54 FG 1
Magnitogorsk 44/45 U 5
Mahón 57 J 3
Mähren 50 HJ 4
Maikop 46/47 QR 7
Mailand (Milano) 44/45 KL 6
Main, Fluss 33 CD 3/4
Mainland 55 DE 2
Makedonien 44/45 N 7
Maladeta 44/45 HJ 7
Málaga 44/45 H 8
Mälarsee 54 E 4
Malatya 60 E 2
Malawi 62/63.1 L 6
Malaysia 62/63.1 P 5
Malbork 50 K 1/2
Maldadeta 57 G 1
Mali 62/63.1 JK 4/5
Mali Losinj 58/59 EF 3
Malk Göhren 14/15 A 2
Mallin 16/17 A 1
Mallíß 14/15 A 2
Mallnow 16/17 FG 6
Mallorca 44/45 J 8
Malmö 44/45 LM 4
Maloja, Berg 52/53 G 4
Malta, Staat 58/59 EF 8
Malterhausen 18/19 C 2
Malxe 18/19 J 3
Malz 14/15 J 3
Mamaia 58/59 N 3
Man, Insel (Großbritannien) 55 D 4
Manacor 57 H 3
Manaus 62/63.1 F 6
Manchester 55 EF 5
Manfredonia 58/59 FG 5
Manila (Philippinen) 62/63.1 Q 5
Manisa 60 C 2
Manker 14/15 F 3
Mankmuß 14/15 B 2
Mannheim 33 C 4
Manschow 16/17 G 5
Mantel (Mętno) 16/17 F 4
Mantua 58/59 D 3
Manytschniederung 44/45 RS 6
Maputo (Mosambik) 62/63.1 L 7
Maraş 60 E 2
Marbella 57 D 4
Marburg (Deutschland) 33 C 3
Marburg (Slowenien) 58/59 FG 2
March, Fluss 50 J 4
Mardin 60 F 2
Maremmen 58/59 D 4
Marianen 62/63.1 R 4/5
Mariazell 52/53 MN 3
Maribor 58/59 FG 2
Marienburg, Stadt 50 KL 1/2
Marienthal 14/15 J 2
Marienfließ 14/15 D 1
Marienwerder 14/15 K 3
Maritza 44/45 O 7
Marjupol 44/45 Q 6
Markee 14/15 G 4
Marken 52/53 KL 7
Markendorf 18/19 D 3
Markgrafpieske 16/17 D 6
Märkisch Buchholz 16/17 D 7
Märkisch Linden 14/15 F 3
Märkisch Luch 14/15 F 4
Märkisch Wilmersdorf 16/17 B 6/7
Märkische Heide 16/17 DE 7
Märkische Höhe 16/17 E 5
Märkische Schweiz, Naturpark 40 F 2
Mark Landin 16/17 E 3

Namenregister
73

Marmande 56 E 5
Marmarameer 60 C 1
Marmolada, Berg 58/59 DE 2
Marne, Fluss 56 F 3
Marnitz 14/15 C 1
Marokko 62/63.1 J 4
Marquardt 14/15 G 5
Marrakesch 44/45 G 9
Marsa al-Brega 46/47 MN 10
Marsa Matruh 60 C 3
Marsala 58/59 DE 7
Marseille 44/45 JK 7
Märtensmühle 16/17 A 7
Martigny 52/53 DE 4
Martinique 62/63.1 F 5
Martinskirchen 18/19 D 5
Marwitz 14/15 H 4
Marzahna 18/19 C 2
Marzahne 14/15 F 4
Mascara 57 G 5
Massen 18/19 FG 4
Massen-Niederlausitz 18/19 G 4
Massow 14/15 E 1
Masuren 50 LM 2
Matera 58/59 G 5
Matosinhos 57 B 2
Matrei 52/53 K 3/4
Mattendorf (Matyjojce) 18/19 K 4
Maulbeerwalde 14/15 E 2
Mauretanien 62/63.1 J 4/5
Mauritius 62/63.1 MN 6
Maust (Hus) 18/19 J 3
Mayrhofen 34 DE 5
McDonald-Inseln (Australien) 62/63.1 N 8
Mechau 14/15 A 3
Mecklenburg-Vorpommern, Bundesland 32 DE 2
Medewitz 18/19 A 2
Medina del Campo 57 D 2
Médoc 56 D 5
Medscherda 58/59 CD 7
Meeralpen 52/53 DE 6
Megara 58/59 K 6/7
Megève 52/53 D 5
Mehrow 14/15 K 4
Meichow 16/17 DE 3
Meiningen 33 D 3
Meinsdorf 18/19 E 3
Meißner 33 C 3
Mekka 62/63.1 L 4
Meknes 44/45 G 9
Melbourne 62/63.1 R 7
Melchow 14/15 KL 3
Melilla 42/43 F 8
Melk 52/53 N 2
Mellensee, Am Mellensee- 16/17 B 7
Mellensee, See 16/17 B 7
Melun-Sénart 56 F 3
Melz 14/15 F 1
Memel, Fluss 44/45 N 4
Memel, Stadt 50 L 1
Memmingen 33 D 5
Memphis, Ruinenstätte 44/45 OP 10
Menorca 57 J 2
Menz 14/15 H 2
Meppel 33 B 2
Meran 58/59 D 2
Mérida 57 C 3
Merrick, Berg 55 D 4
Merseburg 33 D 3
Mersin 60 D 2
Mértola 57 BC 4
Merzdorf 18/19 F 5
Merzdorf, Baruth 18/19 E 2
Merzig 33 B 4
Mescherin 16/17 F 2
Meseberg 14/15 C 3
Mesen, Fluss 44/45 S 3
Mesen, Stadt 44/45 RS 2
Meseta 44/45 GH 7/8
Mesola 52/53 JK 6
Mesolongion 58/59 JK 6
Mesopotamien 44/45 R 8/9
Messina (Sizilien) 58/59 F 6
Metauro, Fluss 52/53 K 7
Metz 33 B 4
Metzdorf 16/17 E 5
Meuro, Bad Schmiedeberg- 18/19 B 4
Meuro, Schipkau- 18/19 G 4
Meurthe, Fluss 33 B 4
Mewegen 16/17 EF 1
Mexiko, Staat 62/63.1 DE 4/5
Mexiko, Stadt 62/63.1 E 5
Meyenburg 14/15 E 1
Miami 62/63.1 E 4
Michelsdorf 18/19 B 1
Michendorf 18/19 CD 1
Mietzel, Fluss 16/17 G 5
Mikkeli 54 GH 3
Mikronesien 62/63.1 R 5
Mildenberg 14/15 J 2
Mildenitz 16/17 C 2
Milet 60 C 2
Milford Haven 55 CD 6
Miljet 58/59 G 4
Milkersdorf 18/19 H 3
Millau 56 F 5
Milmersdorf 14/15 K 2
Milos 58/59 L 7
Milow 14/15 B 2
Milow, Milower Land- 14/15 E 4
Milow, Uckerland- 16/17 D 2
Milower Land 14/15 E 4
Miltern 14/15 C 4
Minden 33 C 2
Mindra, Berg 58/59 K 3
Minho 57 B 1/2
Minneapolis 62/63.1 E 3
Mino, Fluss 57 C 1
Minsk 44/45 O 5
Minzow 14/15 F 1
Mirow 14/15 G 1
Miskolc 58/59 J 1
Missen (Pšyne) 18/19 H 4
Mississippi, Fluss 62/63.1 DE 3/4
Mistra 58/59 K 7
Misurata 44/45 LM 9
Mitau 54 F 4
Mittelfranken, Regierungsbezirk 32 D 4
Mittellandkanal 33 B-D 2
Mittelmeer 44/45 J-P 8/9
Mittenwalde (Uckermark) 14/15 K 2
Mittenwalde, Stadt 16/17 BC 6
Mittlere Elbe, Biosphärenreservat 40 DE 3
Mittlere Schwäbische Alb, Naturpark 40 C 4
Mixdorf 16/17 F 7
Mizen Head 55 AB 6
Mjösensee 54 D 3
Möbiskruge 16/17 G 7
Mochau 18/19 B 3
Modane 52/53 D 5
Modena 58/59 D 3
Mogadischu (Somalia) 62/63.1 M 6
Mögelin 14/15 E 4
Möglenz 18/19 E 5
Möhlau 18/19 A 4
Mohrberg, Berg 14/15 F 1
Mohrin (Moryń) 16/17 F 4
Mohriner See 16/17 F 4
Mo i Rana 54 D 2
Molchow 14/15 G 3
Moldau, Fluss 50 H 4
Moldau, Staat 58/59 N 2
Molde 54 C 3
Moldoveanul, Berg 58/59 L 3
Molfetta 58/59 G 5
Möllenbeck (bei Grabow) 14/15 BC 1
Möllenbeck (bei Neustrelitz) 14/15 J 1
Molukken 62/63.1 Q 5/6
Mön 33 E 1
Monaco, Staat 56 H 6
Monaco, Stadt 56 H 6
Monastir 58/59 D 8
Mönchengladbach 33 B 3
Mönchwinkel 16/17 D 6
Mondovi 52/53 E 6
Mongolei 62/63.1 OP 3
Mont Cenis, Berg 52/53 DE 5
Mont Dore 56 F 5
Mont Lozère 56 F 5
Mont Mézenc 56 G 5
Mont Pelat, Berg 52/53 D 6
Mont Ventoux 52/53 C 6
Mont-Saint-Michel 56 D 3
Montagne de Lure 52/53 C 6
Montagne du Lubéron 52/53 C 7
Montauban 56 EF 5/6
Montbard 52/53 B 3
Montblanc, Berg 44/45 K 6
Montceau-les-Mines 52/53 B 4
Monte Amiata, Berg 58/59 D 4
Monte Cassino 58/59 EF 5
Monte Catria, Berg 52/53 K 7
Monte Cimone, Berg 58/59 D 3
Monte Cinto, Berg 58/59 C 4
Monte Cristallo, Berg 52/53 K 4
Monte Falterona, Berg 52/53 J 7
Monte Gargano, Berg 58/59 FG 5
Monte Maggiorasca, Berg 52/53 G 6
Monte Pollino, Berg 58/59 G 5/6
Monte Rosa, Berg 52/53 EF 5
Monte Vettore, Berg 52/53 L 8
Monte Viso, Berg 52/53 E 6
Montélimar 56 G 5
Montenegro 42/43 K 7
Montevideo (Uruguay) 62/63.1 G 7
Monti del Chianti 52/53 J 7
Monti del Gennargentu 58/59 C 5/6
Montluçon 56 F 4
Montpellier 56 F 6
Montreal 62/63.1 F 3
Montreux 52/53 DE 4
Monts des Maures 52/53 D 7
Monts du Beaujolais 52/53 B 4
Monts du Forez 52/53 A 5
Monts du Lyonnais 52/53 B 5
Monts du Vivarais 52/53 B 5/6
Montschegorsk 54 H 2
Montserrat, Berg 57 G 2
Monza 58/59 C 3
Mora 54 D 3
Morava (Serbien) 58/59 JK 4
Morava (Tschechische Republik) 50 J 4
Moray Firth 55 E 3
Mörderberge, Berg 14/15 K 3
Möringen 14/15 BC 4
Morlaix 56 C 3
Morvan 52/53 AB 3
Morxdorf 18/19 C 3
Mosambik 62/63.1 LM 6/7
Mosel, Fluss 33 B 3/5
Mosjöen 54 D 2
Moskau (Moskwa) 44/45 PQ 4
Moss 54 D 4
Mostaganem 57 FG 5
Mostar 58/59 G 4
Mosul 44/45 R 8
Mosyr 46/47 O 5
Motala 54 DE 4
Möthlitz 14/15 E 5
Motril 57 E 4
Motzen 16/17 C 7
Moutiers 52/53 D 5
Muchow 14/15 B 1
Mückendorf 16/17 B 7
Müggelsee 14/15 K 5
Muğla 60 C 2
Mühlanger 18/19 B 3
Mühlbeck 18/19 A 4
Mühlberg/Elbe 18/19 DE 5
Mühlenbeck 14/15 J 4
Mühlenbecker Land 14/15 J 4
Mühlenberge 14/15 F 4
Mühlenfließ 18/19 C 2
Mühlhausen 33 D 3
Mühlrose (Miłoraz) 18/19 K 4
Mühlviertel 33 EF 4
Mulde, Fluss 18/19 A 3
Muldenstein 18/19 A 4
Muldestausee, See 12/13 CD 5
Muldestausee, Gemeinde 12/13 CD 5
Mulhacén, Berg 57 E 4
Mülhausen 56 H 4
Mull 55 CD 3
Müllrose 16/17 F 7
Müncheberg 16/17 DE 5
Münchehofe 16/17 D 7
Münchhausen 18/19 F 4
Münster, Regierungsbezirk 32 B 3
Münster, Stadt 33 B 3
Muonioälv, Fluss 54 F 2
Mur, Fluss 52/53 N 4
Murau 52/53 M 3
Murcia 44/45 H 8
Mureş 58/59 JK 2
Müritz, See 33 E 2
Müritz, Nationalpark 40 E 2
Müritz-Elde-Wasserstraße 14/15 AB 1/2
Murmansk 44/45 PQ 2
Mürow 16/17 E 3
Murska Sobota 52/53 O 4
Murter 52/53 N 7
Mürz 52/53 N 3
Mürzzuschlag 52/53 N 3
Muş 60 F 2
Müschen (Myšyn) 18/19 H 3
Muskauer Heide (Mužakowska hola) 18/19 K 5
Mützel 14/15 D 5
Myanmar 62/63.1 OP 4/5
Mykenä 58/59 K 7
Mykonos 58/59 L 7
Myrdalsjökull 54 B 2
Myvatn 54 B 1

N

Nabereschnyje Tschelny 44/45 TU 4
Nachitschewan 60 FG 2
Nächst Neuendorf 16/17 B 7
Nackel 14/15 F 3
Nadrensee 16/17 F 2
Nafplion 58/59 K 7
Nagykanizsa 58/59 G 2
Nahe, Fluss 33 B 4
Nahmitz 18/19 B 1
Nahrstedt 14/15 B 4
Nairobi (Kenia) 62/63.1 L 6
Naltschik 60 F 1
Namibia 62/63.1 KL 6/7
Namsos 54 D 3
Nancy 33 B 4
Nanking 62/63.1 P 4
Nanseiinseln 62/63.1 Q 4
Nantes 44/45 H 6
Narbonne 56 F 6
Narew 50 L 2
Narjan-Mar 44/45 TU 2
Narodnaja 44/45 V 2
Narva 54 G 4
Narvastausee 54 G 4
Narvik 54 E 2
Nassenheide (bei Oranienburg) 14/15 H 3
Nassenheide (Rzędziny) 16/17 F 1
Nauen 14/15 G 4
Naumburg 33 D 3
Naundorf 18/19 E 4
Naundorf bei Seyda 18/19 C 3
Naundorf (Njabožkojce) 18/19 H 3
Nauwalde 18/19 E 5
Naxos 58/59 LM 7
Nazaré 57 B 3
N'Djamena 62/63.1 KL 5
Neapel (Napoli) 44/45 L 7
Nebelin 14/15 B 2
Nebit-Dag 44/45 TU 8
Neckar, Fluss 33 C 4
Nedschef 44/45 R 9
Neetzka 16/17 C 1
Neftejugansk 46/47 X 3
Nehmitzsee 14/15 G 2
Neiße (Nysa), Fluss 18/19 K 3
Neiße-Malxetal 18/19 K 4
Neißemünde 16/17 G 7
Nennhausen 14/15 F 4
Nepal 62/63.1 O 4
Neretva 58/59 G 4
Nesebär 58/59 MN 4
Nettelbeck 14/15 D 1
Netze, Fluss 50 J 2
Netzen 14/15 F 5
Netzow 14/15 D 3
Netzowsee 14/15 JK 2
Neu Fahrland 14/15 H 5
Neu Golm 16/17 E 6
Neu Kaliß 14/15 A 2
Neu Lübbenau 16/17 D 7
Neu Zauche (Nowa Niwa) 18/19 H 3
Neu-Seeland 18/19 H 4
Neu-Vehlefanz 14/15 H 4
Neubarnim 16/17 F 5
Neubrandenburg 16/17 AB 1
Neubrück 16/17 F 6
Neuburxdorf 18/19 E 5
Neudamm (Dębno) 16/17 GH 5
Neue Jäglitz, Fluss 14/15 DE 3
Neuehütten 18/19 A 2
Neuenburg (Schweiz) 52/53 DE 3/4
Neuenburger See 52/53 DE 4
Neuendorf (bei Brück) 18/19 C 2
Neuendorf (Nowa Wjas, bei Cottbus) 18/19 J 3
Neuendorf am See 16/17 D 7
Neuendorf im Sande 16/17 E 6
Neuendorfer See 16/17 D 7
Neuenhagen 16/17 DE 4
Neuenhagen bei Berlin 14/15 K 4
Neuer Rhin, Fluss 14/15 G 3
Neuermark-Lübars 14/15 D 4
Neufchateau 52/53 C 2
Neufundland 62/63.1 G 3
Neuglobsow 14/15 H 2
Neugrimnitz 16/17 D 4
Neuhardenberg 16/17 EF 5
Neuhausen/Spree (Kopańce/Sprjewja) 18/19 J 4
Neuheim 18/19 D 2
Neuholland 14/15 J 3
Neukaledonien (Frankreich) 62/63.1 S 7
Neukastilien 57 DE 2/3
Neukirchen (Altmark) 14/15 C 3
Neukünkendorf 16/17 E 4
Neuküstrinchen 16/17 E 4
Neulewin 16/17 F 5
Neulietzegöricke 16/17 EF 4/5
Neulögow 14/15 H 2
Neulöwenberg 14/15 HJ 3
Neumarkt (Rumänien) 58/59 L 2
Neumünster 33 CD 1
Neunkirchen 33 B 4
Neupetershain (Nowe Wiki) 18/19 H 4
Neureetz 16/17 E 4
Neurüdnitz 16/17 E 4
Neuruppin 14/15 FG 3
Neusandez 50 L 4
Neusatz 58/59 H 3
Neuseddin 18/19 CD 1
Neuseeland 62/63.1 S 7/8
Neusiedler See 52/53 O 3
Neusohl 51 K 4
Neußen 18/19 D 5
Neustadt 34 DE 4
Neustadt (Dosse) 14/15 E 3
Neustadt-Glewe 14/15 AB 1
Neustettin 50 J 2
Neustrelitz 14/15 HJ 1
Neutra 50 JK 4
Neutrebbin 16/17 EF 5
Neuwied 33 B 3
Neuzelle 16/17 G 7
Nevers 56 F 4
Nevşehir 60 D 2
New Orleans 62/63.1 E 4
New York 62/63.1 F 3
Newcastle 55 F 4
Newport 55 E 6
Nexdorf 18/19 E 4
Niamey (Niger) 62/63.1 K 5
Nicaragua 62/63.1 E 5
Nichel 18/19 C 2
Niebendorf Heinsdorf 18/19 E 3
Nieden 16/17 D 2
Nieder Kränig (Krajnik Dln.) 16/17 F 3
Nieder-Lübbichow (Lubiechów Dln.) 16/17 EF 4
Niederbayern, Regierungsbezirk 32 E 4
Niedere Tauern 33 EF 5
Niederer Fläming 18/19 DE 2/3
Niederfinow 16/17 D 4
Niedergörsdorf 18/19 C 2/3
Niederjesar 16/17 F 6
Niederlande 44/45 JK 5
Niederländische Antillen 62/63.1 F 5
Niederlausitz (Delnja Łužica) 18/19 F-K 3
Niederlausitzer Heidelandschaft 40 EF 3
Niederlehme 16/17 C 6
Niederösterreich 52/53 NO 2
Niedersachsen 32 B-D 2
Niederwutzen (Osinów Dln.) 16/17 E 4
Niemegk 18/19 BC 2
Niemerlang 14/15 E 1
Nienburg (bei Hannover) 33 C 2
Nieplitz, Fluss 18/19 CD 2
Nietwerder 14/15 G 3
Niewisch 16/17 EF 7
Niewitz 18/19 G 3
Niğde 60 D 2
Niger, Fluss 62/63.1 K 5
Nigeria 62/63.1 K 5
Nikel 46/47 OP 2
Nikobaren (Indien) 62/63.1 O 5
Nikolajew 44/45 P 6
Nikosia 60 D 2
Nikšić 58/59 H 4
Nil, Fluss 62/63.1 L 4-6
Nîmes 56 G 6
Nimwegen 33 A 3
Ninive 44/45 R 8
Niš 58/59 JK 4
Nischni Nowgorod 44/45 R 4
Nischni Tagil 44/45 UV 4
Nitra 50 JK 4
Nitzahn 14/15 E 5
Nitzow 14/15 D 3
Nizza 44/45 K 7
Njemen, Fluss 50 N 1
Nonnendorf 18/19 E 3
Nordamerika 64/65.1 C-E 3
Nordeifel, Naturpark 40 B 3
Nordenham 34 C 2
Norderney 33 B 2
Nordfriesische Inseln 33 C 1
Nordfriesland 33 C 1
Nordhausen (Narost) 16/17 G 4
Nordhausen (Thüringen) 33 D 3
Nordhorn 33 B 2
Nordirland 55 C 4
Nordkanal 55 CD 4
Nordkapp (Norwegen) 44/45 O 1
Nordkorea 62/63.1 Q 3/4
Nördliche Sporaden 58/59 KL 6
Nord-Ostsee-Kanal 33 CD 1
Nordrhein-Westfalen 32 BC 2
Nordsee 44/45 JK 4/5
Nordumfluter 18/19 H 3
Nordwestuckermark 14/15 K 1
Norfolkinsel (Australien) 62/63.1 S 7
Normandie 56 DE 3
Norrköping 44/45 M 4
Norrland 54 D-F 3
Norrtälje 54 E 4
North Downs 55 FG 6
North Minch 55 CD 2/3
Northampton 55 F 5
Norwegen 44/45 K-P 1-4
Norwegische Rinne 44/45 JK 3/4
Norwegisches Becken 44/45 HJ 2
Norwich 55 G 5
Nossentiner-Schwinzer Heide 40 DE 2
Nottekanal 16/17 B 7
Nottingham 55 F 5
Novara (Oberitalien) 58/59 C 3
Novi Pazar 58/59 HJ 4
Novi Sad 58/59 H 3
Nowaja Semlja 62/63.1 MN 2
Nowgorod 44/45 P 4
Noworossiisk 44/45 Q 7
Nowosibirsk 62/63.1 O 3
Nowy Sącz 50 L 4
Nudersdorf 18/19 B 3
Nudow 16/17 A 6
Nukus 44/45 UV 7
Nunsdorf 16/17 B 7
Nuoro 58/59 C 5
Nürnberg 33 D 4
Nuthe, Fluss 16/17 A 6/7
Nuthe-Urstromtal 16/17 A 7
Nuthetal 16/17 A 6
Nuuk 62/63.1 K 2
Nyiregyháza 58/59 JK 2
Nyköbing 33 D 1
Nyons 52/53 C 6

O

Ob, Fluss 44/45 Y 3
Oban 55 D 3
Oberbarnim 16/17 E 5
Oberbayern, Regierungsbezirk 32 DE 4
Obere Donau, Naturpark 40 C 4
Oberfranken, Regierungsbezirk 32 D 3
Oberkrämer 14/15 H 4
Oberlausitz 33 F 3
Oberlausitzer Heide, Biosphärenreservat 40 EF 3
Oberösterreich 52/53 K-M 2
Oberpfalz, Regierungsbezirk 32 DE 4
Oberpfälzer Wald 33 E 4
Oberschlesien 51 K 3
Obersee 14/15 E 2
Oberstdorf 33 D 5
Obertauern 34 E 5
Oberuckersee, Gemeinde 16/17 D 3
Oberuckersee, See 16/17 D 3
Obrovac 52/53 N 6
Odda 54 C 3/4
Ödenburg 58/59 G 2
Odense 54 CD 4
Odenwald 33 C 4
Oder, Fluss 33 F 2
Oder-Havel-Kanal 14/15 J 3
Oder-Spree-Kanal 16/17 D-G 6/7
Oderaue 16/17 E 4
Oderberg 16/17 DE 4
Oderbruch 16/17 E-G 4/5
Oderin 16/17 CD 7
Odessa 44/45 P 6
Oegeln 16/17 F 7
Oehna 18/19 D 3
Oelsig 18/19 E 4
Offenbach 33 C 3
Offenburg 33 B 4
Oglio 52/53 H 5
Ognon, Fluss 52/53 C 3
Ogrosen (Hogrozna) 18/19 H 4
Ohrid 58/59 J 5
Ohridsee 58/59 J 5
Oise, Fluss 56 F 3
Oka 44/45 R 4
Öland 44/45 M 4
Olbia 58/59 C 5
Oldenburg 33 C 2
Oléron 56 D 5
Olib 52/53 M 6
Olmütz 50 J 4
Olomouc 50 J 4
Olsztyn 50 KL 2
Olten 52/53 EF 3
Olymp 44/45 N 7/8
Olympia 44/45 N 8
Oman 62/63.1 M 4/5
Ombrone 52/53 J 8
Omsk 44/45 X 4/5
Onegasee 44/45 Q 3
Opatija 58/59 EF 3
Opole 50 JK 3
Oppelhain 18/19 F 4
Oppeln 50 JK 3
Oradea 58/59 JK 2
Öraefajökull 54 B 2
Oran 44/45 H 8
Orange 56 G 5
Oranienbaum-Wörlitz 18/19 A 3
Oranienburg 14/15 HJ 4
Ordschonikidse —> Wladikawkas
Ordu 60 E 1
Örebro 54 E 4
Orel 44/45 Q 5
Orenburg 44/45 U 5
Orense 57 C 1
Öresund 54 D 4
Oristano 58/59 C 6
Orkneyinseln 44/45 H 4
Orléans 44/45 HJ 6
Orsk 44/45 U 5
Ortelsburg 50 L 2
Ortler, Berg 58/59 D 2
Ortrand 18/19 G 5
Ortwig 16/17 F 5
Orvieto 52/53 JK 8
Oschätzchen 18/19 E 5
Ösel 44/45 N 4
Osijek 58/59 H 3
Oslo (Norwegen) 44/45 KL 4
Oslofjord 54 D 4
Osnabrück 33 C 2
Ossa 58/59 K 6
Oßling (Wóslink) 18/19 H 5
Ostalpen 58/59 D-F 2
Oste, Fluss 33 C 2
Ostende 56 F 2
Osterburg (Altmark) 14/15 C 3
Österdal 54 D 3
Osteroda 18/19 E 4
Österreich 44/45 K-M 6
Östersund 54 D 3
Ostfriesische Inseln 33 B 2
Ostfriesland 33 B 2
Ostkarpaten 58/59 LM 2/3
Östlicher Euphrat 60 EF 2
Ostpreußen 50 LM 1
Ostrau (bei Halle) 46/47 M 6
Ostrau (Tschechische Republik) 50 JK 4
Ostrowiec Świętokrzyski 50 LM 3
Ostsee 44/45 MN 4
Otranto 58/59 H 5
Ötscher, Berg 52/53 N 3
Ottawa (Kanada) 62/63.1 F 3
Ötztaler Alpen 52/53 HJ 4
Oulu 44/45 O 2
Oulujärvi 54 G 3
Oulujoki 54 G 3
Ouse (zum Humber), Fluss 55 F 4
Ouse (zum Wash), Fluss 55 FG 5
Oviedo 57 CD 1
Oxford 55 F 6

P

Paaren im Glien 14/15 G 4
Packebusch 14/15 AB 3
Paderborn 33 C 3
Padua 58/59 D 3
Paestum 58/59 F 5
Pag, Insel 58/59 F 3
Pag, Stadt 52/53 N 6
Pahlsdorf 18/19 F 4
Päijänne 54 G 3
Pakistan 62/63.1 N 4
Palau 62/63.1 Q 5
Palencia 57 D 1
Palermo 44/45 L 8
Pallastunturi 54 FG 2
Palma 44/45 J 8
Pamplona 57 F 1
Pampow 16/17 EF 1
Panama 62/63.1 E 5
Panamakanal 62/63.1 EF 5
Panaro, Fluss 52/53 J 6
Panketal 14/15 K 4
Pantelleria 58/59 E 7
Pápa 52/53 P 3
Papenbruch 14/15 E 2
Papendorf 16/17 D 1
Papitz 18/19 H 3
Paplitz, Baruth- 16/17 B 7
Paplitz, Genthin- 18/19 A 1
Papua-Neuguinea 62/63.1 R 6
Paraçin 58/59 J 4
Paraguay 62/63.1 FG 6/7
Parchim 33 D 2
Pardubice 50 HJ 3/4
Paris (Frankreich) 56 F 3
Parma 58/59 D 3
Parmen-Weggun 14/15 K 1
Parnaß, Berg 58/59 K 6
Pärnu 54 F 4
Paros 58/59 L 7
Parstein 16/17 E 4
Parsteiner See 16/17 DE 4
Parsteinsee 16/17 E 4

Mar – Par

74 Namenregister

Pasenow 16/17 C 1
Pasewalk 16/17 DE 1
Paśman 52/53 N 7
Pass von Reinosa 57 DE 1
Pass von Roncesvalles 57 F 1
Passau 33 E 4
Passo dei Giovi 52/53 F 6
Passow 16/17 E 3
Patmos 58/59 M 7
Patras 44/45 N 8
Pätz 16/17 C 7
Pätzer Hintersee 16/17 C 7
Pau 56 D 6
Paulinenaue 14/15 F 4
Pausin 14/15 H 4
Pavia 58/59 C 3
Päwesin 14/15 FG 4
Pazardzik 58/59 L 4
Pazifischer Ozean 64/65.1
Peç 58/59 J 4
Pécs 58/59 H 2/3
Peene, Fluss 33 E 2
Peetzig (Piasek) 16/17 E 4
Peickwitz 18/19 G 5
Peipussee 44/45 O 4
Peitz (Picnjo) 18/19 J 3
Peking (China) 62/63.1 P 4
Pelagische Inseln 58/59 E 8
Peloponnes 44/45 N 8
Pelvouxgruppe 52/53 D 6
Peñiscola 57 G 2
Penkun 16/17 EF 2
Pennines 55 EF 4/5
Pensa 44/45 RS 5
Pentland Firth 55 DE 2
Penzance 55 CD 6
Penzlin 16/17 A 2
Pergamon, Ort 60 C 2
Pergamon, Ruinenstätte 58/59 M 6
Périgueux 56 E 5
Perleberg 14/15 C 2
Perm 44/45 TU 4
Pernau 54 F 4
Pernik 58/59 K 4
Perpignan 56 F 6
Persischer Golf 44/45 ST 10
Perth (Australien) 62/63.1 P 7
Perth (Schottland) 55 DE 3
Peru 62/63.1 EF 6
Perugia 58/59 E 4
Perwenitz 14/15 H 4
Perwouralsk 44/45 U 4
Pesaro 58/59 E 4
Pescara 58/59 F 4
Pessin 14/15 F 4
Peterhead 55 F 3
Petersdorf, Bad Saarow- 16/17 E 6
Petersdorf, Jacobsdorf- 16/17 F 6
Petershagen 16/17 F 6
Petershagen/Eggersdorf 16/17 D 5
Petersroda 18/19 A 4
Petkus 18/19 E 3
Petropawlowsk 44/45 WX 5
Petrosawodsk 44/45 P 3
Petschenga 54 H 2
Petschora, Fluss 44/45 TU 2
Petschora, Stadt 44/45 TU 2
Petznick 14/15 K 2
Pfaffendorf 16/17 E 6
Pförten (Brody) 18/19 KL 3
Pforzheim 33 C 4
Philadelphia 16/17 D 6
Philippi 58/59 L 5
Philippinen 62/63.1 PQ 5
Phöben 14/15 G 5
Piacenza 58/59 C 3
Piave 58/59 DE 3
Picardie 56 EF 2/3
Picher 14/15 A 1
Pico de Aneto, Berg 57 G 1
Picos de Europa, Berg 57 D 1
Pielinen 54 G 3
Piemont 52/53 EF 5/6
Pieskow 16/17 E 6
Pietrosul, Berg 58/59 L 2
Pieve di Cadore 52/53 K 4
Piła (Polen) 50 J 2
Pilatus 52/53 F 4
Pilica, Fluss 50 L 3
Pillau 50 K 1
Pillgram 16/17 F 6
Pilos 58/59 J 7
Pilsen (Plzeň) 33 E 4
Pindos 44/45 N 8
Pinerolo 52/53 E 6
Pinios, Fluss 58/59 K 6
Pinnow 16/17 E 3
Pinnow, Schenkendöbern- 18/19 K 3
Piombino 58/59 CD 4
Piräus 58/59 K 7
Pirgos 58/59 J 7
Pirin 58/59 K 5
Pirmasens 33 B 4
Pirot 58/59 K 4
Pirow 14/15 C 2
Pisa 58/59 D 4
Písek 33 F 4
Pistoia 52/53 H 7
Piteşti 58/59 L 3
Pitschen-Pickel 18/19 F 3
Pjatigorsk 44/45 RS 7
Plane, Fluss 18/19 B 1/2
Planebruch 18/19 B 2
Planetal 18/19 B 2
Plänitz-Leddin 14/15 E 3
Plasencia 57 C 2
Plateau von Langres 56 G 4
Plätlinsee 14/15 GH 2
Plattenburg 14/15 D 3
Plattensee 58/59 G 2
Plauer See 14/15 E 5
Pleskau 44/45 OP 4
Plessa 18/19 F 5
Pleven 58/59 L 4
Plitvicer Seen 52/53 N 6
Pljevlja 58/59 H 4
Ploče 58/59 G 4
Płock 51 KL 2
Plöckenstein 33 E 4
Plodda 18/19 A 4
Ploieşti 58/59 LM 3
Plossig 18/19 C 4
Plötzin 14/15 G 5
Plovdiv 58/59 L 4
Plöwen 16/17 F 2
Plymouth 55 DE 6
Po, Fluss 44/45 L 7
Podelta 58/59 E 3
Podelzig 16/17 G 6
Podgorica 58/59 H 4
Podolsk 42/43 O 4
Pohlitz 16/17 G 7
Poitiers 56 DE 4
Polen 44/45 L-N 5/6
Pollitz 14/15 B 3
Polozk 54 G 4
Polßen 16/17 D 3
Polunotschnoje 46/47 VW 3
Polz 14/15 A 2
Polzen 18/19 E 4
Polzow 16/17 E 2
Polzowfließ, Fluss 14/15 H 2
Pommersche Bucht 33 F 1
Pompeji 58/59 F 5
Pont-a-Mousson 34 B 4
Pontarlier 52/53 CD 4
Pontevedra 57 BC 1
Pontinische Inseln 58/59 E 5
Pontisches Gebirge 60 D-F 1
Pontremoli 52/53 GH 6
Pordenone 52/53 K 4/5
Pori 54 F 3
Porsangerfjord 54 G 1
Port Moresby (Papua-Neuguinea) 62/63.1 R 6
Port Said 44/45 P 9
Port-Vendres 56 F 6
Porto 44/45 G 7
Portoferraio 52/53 GH 8
Portsmouth 55 F 6
Portugal 44/45 G 7/8
Posen 44/45 M 5
Postojna 52/53 LM 5
Potenza 58/59 F 5
Poti 60 F 1
Potsdam 14/15 GH 5
Potzlow 14/15 L 2
Pouch 18/19 A 4
Prag 44/45 L 5/6
Pragsdorf 16/17 B 1
Prato 58/59 D 3/4
Predazzo 52/53 J 4
Preddöhl 14/15 D 2
Predeal 58/59 L 3
Pregel 50 LM 1
Premnitz 14/15 E 4
Premslin 14/15 C 2
Prenden 14/15 K 3
Prenzlau 16/17 D 2
Preschen (Rjaśćany) 18/19 K 4
Prešov 50 L 4
Preßburg 44/45 M 6
Pressel 18/19 B 4
Prestewitz 18/19 E 4
Preston 55 E 5
Pretoria (Südafrika) 62/63.1 L 7
Pretschen (Mrocna) 16/17 E 7
Prettin 18/19 C 4
Pretzsch (Elbe) 18/19 C 4
Prezelle 14/15 A 3
Priborn 14/15 F 1
Příbram 33 F 4
Priepert 14/15 H 2
Prieros 16/17 CD 7
Prieschka 18/19 E 5
Priesitz 18/19 C 4
Prießen 18/19 E 4
Prignitz 14/15 B-E 2
Prignitzer Kuppe, Berg 14/15 DE 1
Prijedor 52/53 O 6
Prinz-Eduard-Inseln (Südafrika) 62/63.1 L 8
Priort 14/15 GH 4
Pripjet 44/45 O 5
Pripjetsümpfe 44/45 O 5
Prislich 14/15 B 1
Priština 58/59 J 4
Pritzerbe 14/15 E 4
Pritzwalk 14/15 DE 2
Privas 52/53 B 6
Prizren 58/59 J 4
Prösen 18/19 F 5
Proßmarke 18/19 F 4
Pröttlin 14/15 B 2
Prötzel 16/17 D 5
Protzen 14/15 F 3
Provence 56 GH 6
Provins 52/53 A 2
Prüm 40 B 3
Pruth 58/59 M 2
Prützke 14/15 F 5
Przemyśl 50 M 4
Pskow 54 G 4
Psunj 52/53 P 5
Ptuj 52/53 N 4
Puerto Rico (USA) 62/63.1 F 5
Puertollano 57 DE 3
Pula 58/59 E 3
Pulsnitz, Fluss 18/19 F 5
Punta Arenas 62/63.1 F 8
Pusan 62/63.1 Q 4
Pustertal 52/53 JK 4
Putlitz 14/15 D 1
Puttgarden 33 D 1
Puy-de-Dôme 56 F 5
Pyrenäen 44/45 HJ 7

Q

Quartschen (Chwarszczany) 16/17 G 5
Querstedt 14/15 B 4
Quillow, Fluss 14/15 KL 1
Quimper 56 BC 3/4
Quito (Ecuador) 62/63.1 F 6
Quitzow 14/15 C 2

R

Raab, Fluss 58/59 G 2
Raab, Stadt 58/59 G 2
Rab 58/59 F 3
Rabat (Marokko) 44/45 G 9
Rabenberge, Berg 18/19 K 5
Rabenstein/Fläming 18/19 B 2
Rackith 18/19 B 3
Raddusch (Raduš) 18/19 H 3
Rade 18/19 C 3
Rädel 18/19 C 1
Rademin 14/15 A 3
Radensdorf 18/19 GH 3
Radensleben 14/15 G 3
Radewege 14/15 F 5
Rädigke 18/19 B 2
Radis 18/19 B 3
Radolfzell 40 C 5
Radom 50 L 3
Rägelin 14/15 F 2
Ragösen (bei Beltig) 18/19 B 2
Ragösen, Coswig- 18/19 A 2/3
Ragow (bei Königs Wusterhausen) 16/17 C 6
Ragow (Rogow, bei Lübben) 18/19 G 3
Ragow-Merz 16/17 F 7
Raguhn-Jeßnitz 12/13 C 5
Ragusa 58/59 F 7
Rahnisdorf 18/19 D 4
Rakka 60 E 2
Ramin 16/17 F 2
Rampitz (Rąpice) 16/17 GH 7
Randers 54 CD 4
Randow, Fluss 16/17 E 1-3
Randowbruch 16/17 E 2/3
Randowtal 16/17 E 2
Rangsdorf 16/17 B 6
Rangun (Myanmar) 62/63.1 O 5
Ranzig 16/17 E 7
Rapallo 52/53 FG 6
Ras Lanuf 46/47 M 10
Ras Tanura 46/47 ST 10
Rathenow 14/15 E 4
Rathsdorf/Neugaul 16/17 E 4/5
Rathstock 16/17 G 5
Rätikon 52/53 G 3/4
Rätische Alpen 52/53 G 4
Ratzdorf 16/17 GH 7
Rätzsee 14/15 G 1/2
Rauen 16/17 DE 6
Rauensche Berge, Berg 16/17 E 6
Raufarhöfn 54 BC 1
Rauma 54 F 3
Ravenna 58/59 E 3
Ré 56 D 4
Reading (England) 55 F 6
Rechlin 14/15 FG 1
Recife 62/63.1 H 6
Reckahn 14/15 F 5
Reckenzin 14/15 B 2
Reetz 18/19 A 2
Reetzerhütten 18/19 A 2
Regen, Fluss 33 E 4
Regensburg 33 E 4
Reggio (di Calabria) 58/59 FG 6/7
Reggio (nell'Emilia) 58/59 D 3
Regnitz, Fluss 33 D 4
Rehagen 16/17 B 7
Rehberg 16/17 B 2
Rehberger Berge, Berg 14/15 D 4
Rehfeld 18/19 D 4
Rehfeld-Berlitt 14/15 DE 3
Rehfelde 16/17 D 5
Rehsen 18/19 B 3
Reichenberg, Märkische Höhe- 16/17 E 5
Reichenberg (Böhmen) 51 H 3
Reichenberg (Liberec) 33 F 3
Reichenhain 18/19 E 5
Reichenow-Möglin 16/17 E 5
Reichenwalde 16/17 E 6
Reichersdorf (Grabice) 18/19 K 3
Reichwalde (Rychwałd) 18/19 K 5
Reims 42/43 G 6
Reinsdorf 18/19 D 3
Reitwein 16/17 G 6
Remiremont 33 B 4
Rendsburg 33 C 1
Rennes 56 D 3
Reno, Fluss 52/53 H 6
Reppinchen 18/19 A 2
Reschen 52/53 H 4
Rescht 44/45 S 8
Reşiţa 58/59 J 3
Ressen-Zaue (Rjasne-Cowje) 16/17 E 7
Rethimnon 58/59 L 8
Retz 52/53 N 2
Retzau 18/19 A 4
Retzin 14/15 CD 2
Retzow 14/15 F 4
Retzow, Buchberg- 14/15 D 1
Retzow, Lychen- 14/15 J 2
Reuden/Anhalt 18/19 A 2
Réunion (Frankreich) 62/63.1 M 7
Reuss 52/53 F 3
Reuthen (Ruši) 18/19 JK 4
Reutlingen, Stadt 34 C 4
Reval —› Tallinn
Revilla-Gigedo-Inseln (Mexiko) 62/63.1 D 4/5
Reykjanes 54 A 2
Reykjanesrücken 44/45 BC 3/4
Reykjavik (Island) 44/45 CD 3
Rhein, Fluss 50 D 3
Rheine 33 B 2
Rheinhessen 48 BC 4
Rheinland-Pfalz, Bundesland 32 BC 3/4
Rheinsberg 14/15 G 2
Rheinsberger See 14/15 G 2
Rheinwaldhorn 52/53 FG 4
Rhin, Fluss 14/15 G 2/3
Rhinkanal 14/15 F 3
Rhinluch 14/15 FG 3
Rhinow 14/15 E 3
Rhodopen 44/45 NO 7
Rhodos, Insel 44/45 O 8
Rhodos, Stadt 58/59 N 7
Rhone 52/53 E 4
Rhône, Fluss 44/45 J 7
Rhônedelta 56 G 6
Riad (Saudi-Arabien) 62/63.1 M 4
Ribadeo 57 C 1
Ribbeck 14/15 FG 4
Riebau 14/15 A 3
Rieben 18/19 D 2
Rienz, Fluss 52/53 J 4
Riesengebirge 50 H 3
Riesigk 18/19 A 3
Rießen 16/17 G 7
Rietz, Kloster Lehnin- 14/15 F 5
Rietz, Treuenbrietzen- 18/19 C 2
Rietzer See 14/15 F 5
Rietz-Neuendorf 16/17 E 7
Rietzneuendorf-Friedrichshof 18/19 F 2
Rietzneuendorf-Staakow 18/19 F 2
Riga (Lettland) 44/45 N 4
Rigaischer Meerbusen 54 F 4
Rigi 52/53 F 3/4
Rijeka 58/59 F 3
Rila 58/59 K 4
Rimini 58/59 E 3/4
Rîmnicu Vîlcea 58/59 KL 3
Ringvassöy 54 E 2
Rio de Janeiro 62/63.1 G 7
Riva 58/59 D 3
Riviera 58/59 C 3/4
Riviera di Levante 52/53 FG 6/7
Riviera di Ponente 52/53 F 6/7
Rize 60 F 1
Rjasan 44/45 Q 5
Roanne 56 G 4
Röbel/Müritz 14/15 F 1
Rochau 14/15 BC 4
Rockall 44/45 F 4
Rödbyhavn 33 D 1
Roddahn 14/15 E 3
Röddelin 14/15 J 2
Röddelinsee 14/15 J 2
Röderaue 18/19 EF 5
Röderland 18/19 E 5
Rödlin-Thurow 16/17 A 2
Rödliner See 14/15 H 1
Rodrigues (Mauritius) 62/63.1 N 6
Rogäsen 18/19 A 1
Rogeez 14/15 E 1
Roggentin 14/15 G 1
Roggosen (Rogozno) 18/19 J 4
Rögnitz, Fluss 14/15 A 1
Rohrbeck 18/19 D 3
Rollwitz 16/17 DE 2
Rom (Italien) 58/59 E 4/5
Roman 58/59 M 2
Romans-sur-Isère 52/53 BC 5
Romilly-sur-Seine 52/53 A 2
Ronda 57 D 4
Rönne 54 D 4
Röpersdorf 16/17 D 2
Röros 54 DE 3
Rösa 18/19 A 4
Rosenau 18/19 A 1
Rosenheim 33 E 5
Rosenthal, Dahme- 18/19 EF 3
Rosenthal (Różański) 16/17 GH 4
Roskow 14/15 F 5
Rossano 58/59 G 6
Rossau 14/15 B 3
Roßdorf 14/15 DE 5
Rossow 16/17 E 2
Rostock 33 E 1
Rostock-Laage, Flugplatz 35 E 2
Rostow (am Don) 44/45 QR 6
Rotberg 14/15 K 5
Rotenturmpass 58/59 KL 3
Rothaargebirge 33 C 3
Rothenklempenow 16/17 E 1/2
Rothstein 18/19 E 4
Rotta 18/19 B 3
Rotterdam 44/45 JK 5
Rottstock 18/19 A 2
Roubaix 56 F 2
Rouen 56 E 3
Rovaniemi 54 FG 2
Rovereto 52/53 J 5
Rovigo 52/53 J 5
Rovinj 58/59 E 3
Ruanda 62/63.1 L 6
Rückersdorf 18/19 F 4
Rüdersdorf bei Berlin 16/17 D 6
Rüdnitz 14/15 K 4
Rügen 33 E 1
Ruhland 18/19 G 5
Ruhlsdorf, Jessen- 18/19 C 3
Ruhlsdorf, Marienwerder- 14/15 K 3
Ruhlsdorf, Nuthe-Urstromtal- 16/17 A 7
Ruhlsdorf, Teltow- 14/15 HJ 5
Ruhr, Fluss 33 BC 3
Rühstädt 14/15 C 3
Rumänien 58/59 J-M 2
Ruppiner Kanal 14/15 H 3
Ruppiner Land 14/15 F-H 2
Ruppiner Schweiz 14/15 G 2
Ruppiner See 14/15 G 3
Ruse 58/59 LM 4
Russland 62/63.1 L-T 1-3
Rustawi 60 G 1
Rutba 60 F 3
Rüthnick 14/15 GH 3
Rybinsk 44/45 QR 4
Rybinsker Stausee 44/45 PQ 4
Rzeszów 50 LM 3

S

Saale, Fluss 33 D 3
Saalhausen 18/19 G 4
Saalow 16/17 B 7
Saar, Fluss 33 B 4
Saar-Hunsrück, Naturpark 40 B 4
Saarbrücken 33 B 4
Saarburg (Sarrebourg) 33 B 4
Saarland, Bundesland 32 B 4
Saarmund 16/17 A 6
Saathain 18/19 E 5
Šabac 58/59 H 3
Sabadell 57 H 2
Sachalin 62/63.1 R 3
Sachsen, Bundesland 32 EF 3
Sachsen-Anhalt, Bundesland 32 DE 2/3
Sachsendorf 16/17 FG 5
Sadenbeck 14/15 DE 2
Safaniya 46/47 S 10
Safi 44/45 G 9
Safid 44/45 ST 8
Sahara 62/63.1 J 4
Saharaatlas 44/45 JK 8/9
Saimasee 54 G 3
Saint Louis 62/63.1 E 4
Saint-Brieuc 56 C 3
Saint-Claude 52/53 C 4
Saint-Dié 33 B 4
Saint-Dizier 56 G 3
Saint-Etienne 56 G 5
Saint-Florentin 52/53 AB 2/3
Saint-Lo 56 D 3
Saint-Malo 56 CD 3
Saint-Nazaire 56 C 4
Saint-Pierre und Miquelon 62/63.1 G 3
Saint-Quentin 56 F 3
Saint-Raphaël 52/53 DE 7
Saint-Tropez 56 H 6
Saka 62/63.1 Q 4
Sakarya 60 D 1
Sakinthos 58/59 J 7
Salamanca 57 CD 2
Salerno 58/59 F 5
Salihli 58/59 N 6
Sallgast 18/19 G 4
Salomonen 62/63.1 RS 6
Saloniki (Thessaloniki) 58/59 K 5
Salou 57 G 2
Salpausselkä 54 G 3
Salso, Fluss 58/59 F 7
Saluzzo 52/53 E 6
Salzach 33 E 4/5
Salzburg, Bundesland 52/53 KL 3
Salzburg, Stadt 33 E 5
Salzburger Alpen 33 E 5
Salzgitter 33 D 2
Salzkammergut 52/53 L 3
Samara, Stadt 44/45 T 5
Sambia 62/63.1 L 6
Sambor 51 M 4
Samos 58/59 M 7
Samothraki 58/59 L 5
Samsun 60 E 1
San Benedetto 52/53 LM 8
San Francisco 62/63.1 C 4
San Marino 44/45 L 7
San Remo 58/59 BC 4
San Sebastián 57 EF 1
San Severo 58/59 F 5
San, Fluss 50 M 3
Sana, Fluss 52/53 O 6
Sandau (Elbe) 14/15 D 3
Sandkrug 16/17 D 4
Sankt Gallen, Stadt 52/53 G 3
Sankt Gotthard 52/53 F 4
Sankt Helena (GBR) 62/63.1 J 6
Sankt Lorenz-Insel (USA) 62/63.1 T 2
Sankt Moritz 52/53 G 4
Sankt Paul (Brasilien) 62/63.1 H 5
Sankt Paul (Frankreich) 62/63.1 N 7
Sankt Petersburg 44/45 OP 3/4
Sankt Pölten 52/53 N 2
Sankt Veit (Kärnten) 52/53 M 4
Sankt-Georgs-Kanal 44/45 G 5
Sanne-Kerkuhn 14/15 A 3
Santander 44/45 H 7
Santiago (Chile) 62/63.1 F 7
Santiago de Compostela 57 BC 1
Säntis, Berg 52/53 G 3
Santorin 58/59 L 7
São Paulo 62/63.1 G 7
São Tomé und Príncipe 62/63.1 K 5/6
Saone, Fluss 56 G 4
Saporoschje 44/45 Q 6
Sapri 58/59 FG 5
Sarajevo 44/45 M 7
Saratow 44/45 RS 5
Sardes 58/59 MN 6
Sardinien 44/45 K 7
Sarektjåkko, Berg 54 E 2
Sarthe 56 D 4
Sassari 58/59 C 5
Saßleben 18/19 G 3
Sassnitz 33 E 1
Sathmar 58/59 K 2
Satu Mare 58/59 K 2
Satzkorn 14/15 GH 5
Saudi Arabien 62/63.1 LM 4/5
Sauerland 33 BC 3
Saumur 56 D 4
Sava 58/59 G 3
Save, Fluss 58/59 G 3
Savio, Fluss 52/53 K 6/7
Savona 58/59 BC 3
Savoyen 52/53 D 4/5
Saxdorf 18/19 E 4
Scarborough 55 FG 4
Schachty 44/45 R 6
Schaffhausen 33 C 5
Schanghai 62/63.1 Q 4
Schapow 14/15 K 1
Schärding 52/53 L 2
Schargebirge 58/59 J 4/5
Scharmützelsee 16/17 E 6/7
Schaulen 54 F 4
Schdanow —› Marjupol
Schelde, Fluss (Belgien) 56 F 2
Scheliff 44/45 J 8
Schenkenberg 16/17 D 2
Schenkenberg, Groß Kreutz- 14/15 F 5
Schenkendöbern (Dubrawa) 18/19 K 3
Schenkendorf 16/17 C 6
Schenkenhorst, Stahnsdorf- 14/15 H 5
Schermützelsee 16/17 E 5
Schernikau 14/15 C 4
Schernow (Czarnów) 16/17 H 5
Schernsdorf 16/17 F 7
Schewtschenko —› Aktau
Schiffmühle 16/17 E 4
Schilda 18/19 E 4
Schildow 14/15 J 4
Schinne 14/15 B 4
Schipkapass 58/59 L 4
Schipkau 18/19 G 4
Schiras 44/45 T 10
Schitomir 44/45 O 5
Schköna 18/19 B 4
Schlabendorf 18/19 G 3
Schlagenthin 14/15 DE 5
Schlagsdorf 18/19 K 3
Schlaitz 18/19 A 4
Schlalach 18/19 C 2
Schlamau 18/19 A 2
Schlaube, Fluss 16/17 F 7
Schlaubetal, Gemeinde 16/17 FG 7
Schlaubetal, Landschaft 16/17 F 7
Schleesen 18/19 AB 3
Schlei, Naturpark 40 C 1
Schleife (Slěpe) 18/19 JK 4
Schlenzer 18/19 D 3
Schlepzig 16/17 D 7
Schlesien 50 HJ 3
Schleswig 33 C 1
Schleswig-Holstein, Bundesland 32 CD 1/2
Schlettstadt (Selestat) 33 B 4
Schlieben 18/19 E 3/4
Schmachtenhagen 14/15 J 3
Schmargendorf 16/17 DE 4
Schmergow 14/15 G 5
Schmerkendorf 18/19 E 4
Schmilkendorf 18/19 B 3
Schmogrow-Fehrow (Smogorjow-Prjawoz) 18/19 HJ 3
Schmolde 14/15 E 1
Schmölln 16/17 E 2
Schnackenburg 14/15 AB 2
Schnaditz 18/19 B 4
Schneeberg, Berg (Österreich) 52/53 N 3
Schneeberg, Ortsteil 16/17 F 7
Schneidemühl 50 HJ 2
Schnellin 18/19 B 3
Schober 52/53 M 3
Schollene 14/15 D 4
Schöllnitz (Želnica) 18/19 G 4
Schöna-Kolpien 18/19 E 3
Schönberg, Lindow- 14/15 G 3
Schönberg, Seehausen- 14/15 C 3
Schönberg, Wusterhausen-Dosse- 14/15 EF 3
Schönborn 18/19 EF 4
Schönbrunn, Röhrmoos- 52/53 O 2
Schöneberg 16/17 E 3/4
Schönefeld 14/15 JK 5
Schönefeld, Nuthe-Urstromtal- 16/17 B 7

Pas – Sch

Namenregister 75

Schöneiche 16/17 C 7
Schöneiche bei Berlin 14/15 K 5
Schonen 54 D 4
Schönerlinde 14/15 J 4
Schönermark 14/15 H 2
Schönermark, Mark Landin- 16/17 E 3
Schönermark, Nordwestuckermark 14/15 K 1
Schönewalde, Sonnewalde- 18/19 F 4
Schönewalde, Stadt 18/19 DE 3
Schönfeld 16/17 D 2
Schönfeld, Kamern- 14/15 D 4
Schönfeld, Werneuchen- 14/15 KL 4
Schönfelde 16/17 E 6
Schönfließ 14/15 J 4
Schönhagen, Pritzwalk- 14/15 D 2
Schönhagen, Trebbin- 16/17 A 7
Schönhausen 16/17 CD 1
Schönhausen (Elbe) 14/15 D 4
Schönow (bei Bernau) 14/15 JK 4
Schönow (bei Schwedt) 16/17 E 3
Schönwald 18/19 FG 3
Schönwalde 16/17 D 1
Schönwalde, Schönwald- 18/19 G 3
Schönwalde, Schönwalde-Glien- 14/15 H 4
Schönwalde, Wandlitz- 14/15 J 4
Schönwalde-Glien 14/15 H 4
Schönwerder 16/17 D 2
Schopsdorf 18/19 A 2
Schorbus (Skjarbošc) 18/19 J 4
Schorfheide, Gemeinde 14/15 K 3
Schorfheide, Landschaft 14/15 JK 2/3
Schorfheide-Chorin, Biosphärenreservat 40 EF 2
Schorstedt 14/15 B 4
Schott al-Hodna 57 J 5
Schott Dscherid 44/45 KL 9
Schottland 55 DE 3
Schraden 18/19 F 5
Schrampe 14/15 A 3
Schuhlen-Wiese (Skulin) 16/17 E 7
Schulzendorf 14/15 K 5
Schulzendorf, Sonnenberg- 14/15 H 2
Schulzendorf, Wriezen- 16/17 E 5
Schünow 16/17 B 7
Schütt, Große 50 J 4/5
Schwaben, Regierungsbezirk 32 D 4
Schwäbisch Gmünd 34 C 4
Schwäbische Alb, Biosphärenreservat 40 C 4
Schwäbische Alb, Mittelgebirge 33 CD 4
Schwanebeck, Bad Belzig- 18/19 B 2
Schwanebeck, Panketal- 14/15 K 4
Schwante 14/15 H 3
Schwarz 14/15 FG 2
Schwarzbach 18/19 GH 5
Schwarze Elster (Čorny Halštrow), Fluss 18/19 C-H 3-5
Schwarze Pumpe (Carna Plumpa) 18/19 J 4
Schwarzer Berg (bei Eisenhüttenstadt), Berg 16/17 F 7
Schwarzer Berg (bei Golßen), Berg 18/19 EF 3
Schwarzer See 14/15 FG 2
Schwarzes Meer 44/45 PQ 7
Schwarzheide 18/19 G 5
Schwarzholz 14/15 CD 3
Schwarzwald, Mittelgebirge 33 BC 4/5
Schwarzwald, Nationalpark 40 C 4
Schweden 44/45 L-N 2-4
Schwedt/Oder 16/17 F 3
Schweinfurt 33 D 3
Schweinrich 14/15 F 2
Schweiz 44/45 KL 6
Schweizer Jura 52/53 DE 3/4
Schwemsal 18/19 AB 4
Schwerin, Gemeinde 16/17 C 7
Schwerin, Stadt 33 D 2
Schwerzko 16/17 G 7
Schwielochsee (Gójacki jazor) 18/19 H 2/3
Schwielowsee, Gemeinde 14/15 GH 5
Schwielowsee, See 18/19 CD 1
Schwyz 52/53 F 3
Scillyinseln 55 C 6
Seattle 62/63.1 C 3
Secchia 52/53 H 6
Seddin 18/19 CD 1
Seddiner See 18/19 CD 1
Sedlitz 18/19 H 4
Seebeck-Strubensee 14/15 GH 3
Seeblick 14/15 E 4
Seeburg 14/15 H 4
Seefeld (bei Bernau) 14/15 K 4
Seefeld (Tirol) 34 D 5
Seehausen, Niedergörsdorf- 18/19 C 3
Seehausen, Oberuckersee- 16/17 D 3
Seehausen (Altmark) 14/15 BC 3
Seeland (Dänemark) 54 D 4
Seelow 16/17 F 5
Segeletz 14/15 F 3
Segovia 57 D 2
Segre, Fluss 57 G 1
Segura, Fluss 57 EF 3
Seilershof 14/15 H 2
Seine, Fluss 44/45 J 6
Selb 34 DE 3
Selbelang 14/15 FG 4
Selbitz 18/19 B 3
Selchow, Schönefeld- 14/15 J 5
Selchow, Storkow- 16/17 D 7
Selinunte 58/59 E 7
Sellendorf 18/19 F 3
Sellessen (Zelezna) 18/19 J 4
Sellin (Zielin) 16/17 G 4
Sembten 16/17 G 7
Semlin 14/15 E 4
Semmelberg, Berg 16/17 DE 4
Semmering 52/53 NO 3
Semnan 44/45 T 8
Senegal 62/63.1 J 5
Senftenberg (Zły Komorov) 18/19 GH 4
Senftenberger See 18/19 H 4/5
Senigallia 52/53 L 7
Senj 52/53 MN 6
Senja 54 E 2
Senst 18/19 B 3
Senzig 16/17 C 6
Senzke 14/15 F 4
Seoul 62/63.1 Q 4
Serbien, Staat 42/43.1 L 7
Sereth 58/59 M 3
Sergejew Possad 44/45 Q 4
Sergen (Žergoń) 18/19 K 4
Serginy 44/45 V 3
Serno 18/19 B 4
Serow 44/45 V 4
Serrä 58/59 K 5
Serra da Estrêla 57 BC 2/3
Serwest 16/17 D 4
Setesdal 54 C 4
Setif 44/45 K 8
Setúbal 57 B 3
Severn, Fluss 55 E 5/6
Sevilla 44/45 G 8
Sevnica 52/53 N 4
Sewalan 44/45 S 8
Sewansee 60 G 1
Sewastopol 44/45 P 7
Sewekow 14/15 F 2
Sewernaja Semlja 62/63.1 OP 1/2
Sewerodwinsk 44/45 QR 3
Seychellen 62/63.1 M 6
Seyda 18/19 C 3
Seydhisfjördhur 54 C 1
Seyhan 60 E 2
Sfax 44/45 L 9
Shannon, Fluss 55 BC 5
Shannon, Stadt 55 B 5
Sheffield 44/45 HJ 5
Shetlandinseln 44/45 H 3
Shkodër 58/59 HJ 4
Sian 62/63.1 P 4
Siauliai 54 F 4
Šibenik 58/59 F 4
Sibiu 58/59 L 3
Siders 52/53 E 4
Sidi-bel-Abbes 44/45 HJ 8/9
Siebenbürgen 58/59 KL 2
Siehdichum 16/17 FG 7
Siedlce 50 M 2
Sieg, Fluss 33 B 3
Siegen 33 C 3
Siena 58/59 D 4
Sierra de Gredos 57 D 2
Sierra del Moncayo 57 F 2
Sierra Leone 62/63.1 J 5
Sierra Morena 57 C-E 3
Sierra Nevada 44/45 H 8
Siethen 16/17 A 6
Sietzing 16/17 F 5
Sieversdorf 16/17 F 6
Sieversdorf-Hohenofen 14/15 E 3
Siewisch (Žiwice) 18/19 H 4
Siggelkow 14/15 C 1
Siglufjördhur 54 AB 1
Siirt 60 F 2
Sil, Fluss 57 C 1
Sile 58/59 N 5
Silistra 58/59 M 3
Siljansee 54 E 3
Sillein 50 K 4
Silvrettagruppe 52/53 GH 4
Simav, Fluss 58/59 N 6
Simav, Stadt 60 C 2
Simbabwe 62/63.1 L 6/7
Simferopol 44/45 P 6/7
Simme, Fluss 52/53 E 4
Simplon 52/53 EF 4
Sinaia 58/59 L 3
Sinas 46/47 G 8
Sindelfingen 34 C 4
Sines 57 B 4
Singapur 62/63.1 P 5
Singen 34 C 5
Sinop 60 E 1
Sintra 57 B 3
Sió 58/59 H 2
Sirte 44/45 M 9
Sisak 58/59 G 3
Sisteron 52/53 CD 6
Sitia 58/59 M 8
Sitten 52/53 E 4
Sivas 60 E 2
Sizilien 44/45 L 8
Skagens Horn 54 CD 4
Skagerrak 44/45 L 4
Skandinavien 44/45 L-N 2/3
Skellefteå 54 F 3
Skellefteälv 54 E 2/3
Skien 54 CD 4
Skikda 44/45 K 8
Skiros 58/59 L 6
Skjálfandafljót 54 B 1
Skopje 44/45 N 7
Skutari 58/59 H 4
Skutarisee 58/59 H 4
Skye 55 CD 3
Slatina 58/59 L 3
Slatoust 44/45 U 4
Slavonski Brod 58/59 GH 3
Slawonien 58/59 GH 3
Sligo 55 B 4
Sliven 58/59 M 4
Slowakei 44/45 MN 6
Slowenien 44/45 LM 6
Slubia, Fluss 16/17 F 4
Słupsk 50 J 1
Småland 54 DE 4
Smederevo 58/59 J 3
Smolensk 44/45 P 5
Sneznik, Berg 52/53 M 5
Snöhetta 54 CD 3
Snowdon, Berg 55 DE 5
Söderhamn 54 E 3
Soester Börde 48 C 3
Sofia 44/45 N 7
Sognefjord 54 C 3
Söke 58/59 M 7
Solingen 33 C 3
Söllichau 18/19 B 4
Sollum 44/45 NO 9
Sologne 56 EF 4
Solothurn, Stadt 52/53 E 3
Solway Firth 55 E 4
Somalia 62/63.1 M 5/6
Somes 58/59 K 2
Somme, Fluss 56 EF 2/3
Sommerfeld 14/15 H 3
Sommerfelde 16/17 D 4
Sommersdorf 16/17 E 2
Somport 57 F 1
Sondershausen 34 D 3
Sondrio 52/53 G 4
Sonnenberg 14/15 H 2
Sonnenburg (Słońsk) 16/17 GH 5
Sonnewalde 18/19 F 4
Sophienstädt 14/15 K 3
Sophienthal 16/17 F 5
Sopron 58/59 G 2
Sorau (Žary) 33 F 3
Sorno 18/19 F 4
Soroki 58/59 MN 1
Söröy 54 F 1
Sorraia, Fluss 57 B 3
Sortawala 54 H 3
Sóte 56 F 6
Sotschi 44/45 Q 7
Sousse 58/59 D 8
South Downs 55 FG 6
Southampton 44/45 H 5
Southend 55 G 6
Southern Uplands 55 DE 4
Sowjetsk (Tilsit) 50 L 1
Spaatz 14/15 E 4
Spanien 44/45 G-J 7/8
Sparta 58/59 K 7
Sperenberg 16/17 B 7
Spey 55 E 3
Spittal 52/53 L 4
Spitzbergen (Norwegen) 62/63.1 KL 1/2
Split 44/45 M 7
Splügen 52/53 G 4
Spoleto 52/53 K 8
Sponholz 16/17 B 1
Sporaden 44/45 O 8
Spree (Sprjewja), Fluss 33 EF 2/3
Spreeau 16/17 D 6
Spreenhagen 16/17 D 6
Spreetal (Sprjewiny Dol) 18/19 J 4/5
Spreewald (Błota) 18/19 GH 2/3
Spreewaldheide 18/19 H 3
Spremberg (Grodk) 18/19 HJ 4
Sputendorf 14/15 HJ 5
Sri Lanka 62/63.1 NO 5
St. Christopher-Nevis 62/63.1 F 5
St. Lucia 62/63.1 F 5
St. Petersburg 44/45 P 3/4
St. Vincent 62/63.1 F 5
Staakow 16/17 C 7
Stackelitz 18/19 A 2
Staffelde, Kremmen- 14/15 GH 4
Staffelde, Stendal- 14/15 C 4
Stahnsdorf 14/15 H 5
Stalowa Wola 51 LM 3
Stara Zagora 58/59 LM 4
Stargard 50 H 2
Stausee von Nischni Nowgorod 44/45 RS 4
Stausee von Samara 44/45 ST 5
Stavanger 54 BC 4
Stawropol 44/45 R 6
Stechau 18/19 E 4
Stechlin 14/15 H 2
Stechow-Ferchesar 14/15 E 4
Steesow 14/15 AB 2
Steffenshagen 14/15 D 2
Steiermark 52/53 MN 3
Steinamanger 58/59 G 2
Steinbeck 16/17 D 5
Steinfeld (Altmark) 14/15 B 4
Steinhöfel 16/17 E 6
Steinhöfel, Angermünde- 16/17 D 3
Steinkjer 54 D 3
Steinreich 18/19 EF 3
Steinsdorf 16/17 G 7
Steintoch 16/17 F 5
Stendal 14/15 C 4
Stendell 16/17 E 3
Stepenitz, Fluss 14/15 CD 1/2
Stepenitz, Gemeinde 14/15 D 1
Sterlitamak 44/45 TU 5
Sternebeck/Harnekop 16/17 DE 5
Sternberg 40 D/E2
Sternhagen 16/17 D 2
Sterzing 52/53 J 4
Stettin (Szczecin) 44/45 LM 5
Steyr 52/53 M 2
Stilfser Joch, Berg 52/53 H 4
Stirling 55 DE 3
Stobber, Fluss 16/17 E 5
Stockholm (Schweden) 44/45 M 4
Stöffin 14/15 F 3
Stoke 55 EF 5
Stolberg (Kamien Ml.) 16/17 GH 5
Stölln 14/15 E 3
Stolp 50 J 1
Stolpe 14/15 B 1
Stolpe, Angermünde- 16/17 E 4
Stolpe, Hohen Neuendorf- 14/15 J 4
Stolpe-Süd 14/15 HJ 4
Stolpsee 14/15 H 2
Stolzenburg (Stolec) 16/17 F 1
Stolzenhagen 14/15 JK 3
Stolzenhain, Röderland- 18/19 E 5
Stolzenhain, Schönewalde- 18/19 D 3
Storavan 54 E 2
Storbeck-Frankendorf 14/15 FG 2/3
Storkau (Elbe) 14/15 CD 4
Storkow, Penkun- 16/17 F 2
Storkow, Templin- 14/15 J 2
Storkow (Mark) 16/17 D 6
Storlien 54 D 3
Storsjö 54 D 3
Straach 18/19 B 3
Stradow (Tšadow) 18/19 H 3
Stralsund 33 E 1
Stranraer 55 D 4
Strasburg (Uckermark) 16/17 CD 1
Strasen 14/15 GH 2
Straßburg (Strasbourg) 56 H 3
Straße von Bonifacio 58/59 C 5
Straße von Dover 44/45 J 5
Straße von Gibraltar 44/45 GH 8
Straße von Messina 58/59 FG 6/7
Straße von Otranto 58/59 H 5/6
Straße von Sizilien 44/45 L 8
Straßgräbchen 18/19 H 5
Stratford (Großbritannien) 55 EF 5
Straubing 33 E 4
Straupitz (Tšupc) 18/19 H 3
Strausberg 16/17 DE 5
Strega (Strzegów) 18/19 K 3
Streganz 16/17 D 7
Strehla 18/19 DE 5
Streitackerberge, Berg 16/17 BC 7
Stremmen 16/17 E 7
Strodehne 14/15 DE 3
Stromboli 58/59 F 6
Strömsund 54 DE 3
Strymon, Fluss 58/59 K 5
Stubaier Alpen 52/53 HJ 3
Stücken 16/17 A 6
Stüdenitz-Schönermark 14/15 E 3
Stuer 14/15 E 1
Stülpe 16/17 B 7
Stuttgart, Regierungsbezirk 32 C 4
Stuttgart, Stadt 33 C 4
Stykkishólmur 54 A 1
Subotica 58/59 HJ 2/3
Suceava 58/59 LM 2
Suchona 44/45 R 3
Suchumi 44/45 QR 7
Suckow 14/15 C 1
Südamerika 64/65.1 FG 6
Süd-Orkney-Inseln 62/63.1 H 8
Süd-Sandwich-Inseln 62/63.1 H 8
Südafrika 62/63.1 KL 7
Sudan 62/63.1 L 4/5
Südeifel, Naturpark 40 B 3
Sudeten 50 HJ 3/4
Südgeorgien 62/63.1 H 8
Südheide, Naturpark 40 D 2
Südkarpaten 58/59 KL 3
Südkorea 62/63.1 Q 4
Südliche Sporaden 58/59 M 7
Südost-Rügen, Biosphärenreservat 40 EF 1
Südsudan 62/63 L 5
Südtirol 58/59 D 2
Sues 44/45 P 10
Sueskanal 44/45 P 9
Suhl 33 D 3
Suir 55 C 5
Sükow 14/15 C 2
Sulina 58/59 N 3
Sulitjelma, Berg 54 E 2
Sulmona 58/59 EF 4/5
Sumatra 62/63.1 OP 5/6
Šumen 58/59 M 4
Sumgait 44/45 S 7
Sumy 44/45 P 5
Sunderland 55 F 4
Sundsvall 44/45 M 3
Sunndalsöra 46/47 KL 3
Surgut 44/45 X 3
Suriname 62/63.1 G 5
Surtsey 54 A 2
Susa, Ort 52/53 E 5
Susa, Ruinenstätte 44/45 S 9
Suschow (Zušow) 18/19 H 3
Suur Munamägi 54 G 4
Suwałki 51 M 1
Svartis, Berg 54 E 2
Svealand 54 DE 3
Sveg 54 D 3
Svištov 58/59 L 4
Svolvaër 54 D 2
Swansea 55 DE 6
Swasiland 62/63.1 L 7
Swerdlowsk ⟶ Jekaterinburg
Swinemünde (Świnoujście) 33 F 2
Sydney 62/63.1 R 7
Sydower Fließ 14/15 K 4
Syktywkar 44/45 T 3
Sylt 33 C 1
Syr-Darja, Fluss 44/45 V 6
Syrakus (Sizilien) 58/59 F 7
Syrien 62/63.1 L 4
Syrische Wüste 44/45 QR 9
Sysran 44/45 S 5
Szczecinek 50 J 2
Szczytno 50 L 2
Szeged 58/59 J 2
Székesfehérvár 58/59 H 2
Szolnok 58/59 HJ 2
Szombathely 58/59 G 2

T

Tabarka 58/59 C 7
Tabarz 40 D 3
Taberg, Berg 54 D 4
Täbris 44/45 S 8
Tadmur 60 E 3
Tadschikistan 62/63.1 N 3/4
Tagliamento, Fluss 52/53 K 4/5
Taipeh (Taiwan) 62/63.1 Q 4
Taivalkoski 54 G 2
Taiwan 62/63.1 Q 4
Tajo, Fluss 44/45 H 7
Talavera de la Reina 57 D 2/3
Tallinn (Estland) 44/45 NO 4
Talsperre Spremberg 18/19 J 4
Tambow 44/45 R 5
Tampere 44/45 N 3
Tana 54 G 1
Tanaro 58/59 B 3
Tanger 44/45 G 8
Tangermünde 14/15 CD 4
Tansania 62/63.1 L 6
Tanta 44/45 P 9
Tantow 16/17 F 2
Taormina 58/59 F 7
Tarbes 56 DE 6
Tarent 58/59 G 5
Tarn 56 E 6
Tarnów 50 L 3
Tarquinia 58/59 D 4
Tarragona 57 G 2
Tarrasa 57 GH 2
Tarsus 60 DE 2
Tartu 54 G 4
Tartus 60 E 3
Taschkent 62/63.1 M 3
Tasmanien 62/63.1 R 8
Tatabánya 58/59 H 2
Tatra 50 KL 4
Tatvan 60 F 2
Tauche 16/17 E 7
Tauer (Turjej) 18/19 J 3
Taunus 33 C 3
Taurus 60 DE 2
Tebessa 58/59 BC 8
Teeberg, Berg 14/15 K 3
Teesside 55 F 4
Teetz/Ganz 14/15 EF 2
Tegeler See 14/15 HJ 4
Teheran (Iran) 44/45 ST 8
Teichland (Gatojce) 18/19 J 3
Tejo, Fluss 57 B 3
Tekirdağ 60 C 1
Tel Aviv-Jaffa 44/45 P 9
Telegrafenberg, Berg 16/17 D 4
Telemark 54 C 4
Tellatlas 44/45 H-K 8
Telschow-Weitgendorf 14/15 D 1
Teltow 14/15 HJ 5
Teltowkanal 14/15 J 5
Telz 16/17 B 7
Temesvar 44/45 N 6
Temmen-Ringenwalde 14/15 KL 2
Temnitz, Fluss 14/15 F 3
Temnitzquell 14/15 F 2
Temnitztal 14/15 F 3
Tempelberg 16/17 E 6
Tempelfelde 14/15 K 4
Templin 14/15 JK 2
Ténós 57 G 4
Teplitz-Schönau 34 EF 3
Teramo 52/53 L 8
Termoli 58/59 F 4/5
Terni 58/59 E 4
Ternopol 44/45 O 6
Terpt 18/19 G 3
Teruel 57 F 2
Teschendorf, Burg Stargard- 16/17 B 2
Teschendorf, Löwenberger Land- 14/15 H 3
Tessenow 14/15 C 1
Tessin, Kanton (Schweiz) 52/53 FG 4
Tessiner Alpen 52/53 F 4
Tettau 18/19 FG 5
Tettnang 48 C 5
Tetuan 44/45 GH 8
Teupitz 16/17 C 7
Teupitzer See 16/17 C 7
Teutoburger Wald 33 BC 2/3
Thailand 62/63.1 OP 5
Thalberg 18/19 E 4
Thasos 58/59 L 5
Thaya 52/53 O 2
The Fens 55 FG 5
The Wash 55 G 5
Theben, Ruinenstätte 58/59 K 6
Theisa 18/19 EF 4
Theiß, Fluss 44/45 N 6
Themse 55 F 6
Thermaischer Golf 58/59 K 5/6
Thermopylen 58/59 K 6
Thessalien 58/59 JK 6
Thessaloniki 58/59 K 5
Thielbeer 14/15 AB 3
Thiers 52/53 A 5
Thießen 18/19 A 3
Thjórsá 54 B 2
Thonon-les-Bains 52/53 D 4
Thorn (Polen) 50 K 2
Thrakien 58/59 LM 5
Thun 52/53 E 4
Thur 52/53 G 3
Thüringen 32 D 3
Thüringer Schiefergebirge, Naturpark 40 D 3
Thüringer Wald 33 D 3
Thyrow 16/17 A 6
Tiber, Fluss 58/59 E 4
Tibet 62/63.1 O 4
Ticino, Fluss 52/53 F 5
Tiefensee, Bad Düben- 18/19 B 4
Tiefensee, Werneuchen- 16/17 D 5
Tiefland von Turan 44/45 UV 7
Tietzow 14/15 G 4
Tiflis (Georgien) 44/45 RS 7
Tigris, Fluss 44/45 S 9
Tilburg 56 G 2
Tilsit 50 L 1
Timanrücken 44/45 ST 2/3
Timfristos 58/59 JK 6
Timis 58/59 J 3
Timişoara 58/59 JK 3
Timor 62/63.1 Q 6
Tinduf 46/47 G 10
Tinos 58/59 L 7
Tirana (Albanien) 44/45 M 7
Tiraspol 58/59 NO 2
Tîrgovişte 58/59 L 3
Tîrgu Jiu 58/59 K 3
Tîrgu Mureş 58/59 L 2
Tirol, Bundesland 52/53 HJ 3
Tirol, Burg 52/53 J 4
Tirso, Fluss 58/59 C 5/6
Tisza 58/59 J 2
Titisee-Neustadt 34 C 5
Titlis 52/53 F 4
Titograd ⟶ Podgorica
Titov Veles 58/59 JK 5
Tizi Ouzou 57 J 4
Tjumen 44/45 VW 4
Tobol, Fluss 44/45 W 4
Tobolsk 44/45 WX 4
Tobruk 44/45 N 9
Tödi, Berg 52/53 F 4
Togliatti 44/45 S 5
Togo 62/63.1 K 5
Tokaj 58/59 J 1
Tokat 60 E 1
Tokio (Japan) 62/63.1 Q 4
Tolbuhin 58/59 M 4
Toledo 57 DE 3
Tollensesee 16/17 A 1/2
Tolmezzo 52/53 KL 4
Tolmin 52/53 L 4
Tomaszów Mazowiecki 50 KL 3
Tönning 40 C 1
Tönsberg 54 CD 4
Töpchin 16/17 C 7
Töplitz 14/15 G 5
Topsee 54 H 2
Torbay 55 E 6
Torgau 18/19 CD 4
Torino 58/59 B 3
Tornau 18/19 B 4
Torneälv 54 F 2
Tornio 54 FG 2
Tornow, Eberswalde- 16/17 D 4
Tornow, Fürstenberg- 14/15 J 2
Torremolinos 57 D 4
Tortona 52/53 FG 6
Tortosa 57 G 2
Toruń 50 K 2
Toskana 58/59 D 4
Toskanischer Apennin 52/53 H-K 6/7
Totes Gebirge 52/53 LM 3
Toul, Stadt 56 G 3
Toulon 56 G 6
Toulouse 44/45 HJ 7
Tours 56 E 4
Trabzon 60 EF 1
Trampe 16/17 D 4
Trapani 58/59 E 6/7
Trasimenischer See 58/59 DE 4
Trassenheide 40 E 1
Traun, Fluss 33 EF 4/5
Traunsee 52/53 L 3
Travemünde 33 D 2
Trebatsch 16/17 E 7
Trebbia, Fluss 52/53 G 6
Trebbin 16/17 A 7
Trebbus 18/19 F 4
Trebel 14/15 A 3
Trebelsee 14/15 G 5
Trebendorf (Trjebejce, bei Cottbus) 18/19 K 4
Trebendorf (Trjebin, bei Weißwasser) 18/19 K 4
Trebenow 16/17 D 2
Trebitz 18/19 C 3
Trebnitz 16/17 C 5
Trebus 16/17 E 6

Sch – Tre

Trechwitz 14/15 F 5
Trelleborg 54 D 4
Tremmen 14/15 G 4
Trent, Fluss 55 F 5
Trepca 46/47 N 7
Treplin 16/17 F 6
Treppeln 16/17 G 7
Treuenbrietzen 18/19 C 2
Treviglio 52/53 G 5
Treviso 58/59 E 3
Trient 58/59 D 2
Trier 33 F 4
Triest 58/59 E 3
Triglav 58/59 E 2
Triglitz 14/15 D 2
Trikala 58/59 JK 6
Trinidad 62/63.1 H 7
Tripoli 46/47 PQ 9
Tripolis 44/45 L 9
Tristan da Cunha 62/63.1 J 7
Trnava 52/53 P 2
Tröbitz 18/19 E 4
Troisdorf 33 B 3
Troja 60 C 2
Trollhättan 54 D 4
Tromsö 54 EF 2
Trondheim 44/45 KL 3
Trondheimfjord 54 C 3
Tronto 52/53 L 8
Trossin (bei Dommitzsch) 18/19 C 4
Trossin (Troszyn) 16/17 G 4
Troyes 56 FG 3
Tschad 62/63.1 KL 5
Tschagosinsel 44/45.1 N 6
Tscheboksary 44/45 S 4
Tschechische Republik 44/45 LM 5/6
Tscheljabinsk 44/45 V 4/5
Tschelkar 44/45 U 6
Tschenstochau 50 KL 3
Tscherepowez 46/47 Q 4
Tschernigow 44/45 P 5
Tschernitz (Cersk) 18/19 K 4
Tschernobyl 46/47 OP 5
Tschernowitz (Czarnowice) 18/19 KL 3
Tschernowzy 58/59 L 1
Tschita 62/63.1 P 3
Tübingen, Regierungsbezirk 32 C 4
Tübingen, Stadt 33 C 4
Tüchen 14/15 D 2
Tuchen-Klobbicke 16/17 D 4
Tudela 57 F 1
Tuggurt 46/47 K 9
Tula 44/45 Q 5
Tulcea 58/59 N 3
Tundza, Fluss 58/59 M 2
Tunesien 62/63.1 K 5
Tunis (Tunesien) 44/45 KL 8
Turgaisenke 44/45 V 5
Turia 57 F 3
Turin 44/45 K 6/7
Türkei 60 DE 2
Turkmenistan 44/45 T-V 7/8
Turku 44/45 F 3
Turnow-Preilack (Turnow-Pśiłuk) 18/19 J 3
Tuttlingen 33 C 5
Tuz Gölü 60 D 2
Tuzla 58/59 H 3
Tweed, Fluss 55 E 4
Twer 44/45 Q 4
Tyne 55 EF 4
Tyrrhenisches Meer 44/45 L 7/8

U

Uchta 44/45 TU 3
Uchtdorf (Lisie Pole) 16/17 F 3
Uchte, Fluss 14/15 C 4
Uchtspringe 14/15 B 4
Uckerfelde 16/17 D 2
Uckerland 16/17 CD 2
Uckermark 16/17 CD 3
Uckermärkische Seen, Naturpark 40 D 2
Uckro 18/19 F 3
Uddevalla 54 D 4
Udine 58/59 E 2
Uebigau-Wahrenbrück 18/19 E 4
Uecker, Fluss 14/15 L 2
Uelzen 33 D 2
Uenglingen 14/15 C 4
Uetz Paaren 14/15 G 5
Ufa, Stadt 44/45 TU 4/5
Uganda 62/63.1 L 5/6
Uglja 52/53 N 6
Uhyst (Delni Wujězd) 18/19 K 5
Ujda 44/45 H 9
Ukraine 44/45 N,Q 5-7
Ulan-Bator (Mongolei) 62/63.1 P 3
Uljanowsk 44/45 S 5
Ullapool 55 D 2/3
Ulm 33 CD 4
Ulmea 46/47 MN 2
Ulster, Landschaft 55 BC 4
Ulu Dağ, Berg 58/59 N 5
Umbrien 52/53 KL 8
Umbrischer Apennin 52/53 KL 7/8
Umeå 54 F 3
Umeälv 54 E 3
Una 58/59 G 3
Ungarn 44/45 MN 6
Unstrut, Fluss 33 D 3
Unteres Odertal, Naturpark 40 F 2
Unterfranken, Regierungsbezirk 32 CD 3
Untersee 14/15 E 3
Unterspreewald 16/17 D 7
Untereuckersee 14/15 L 2

Uppsala 44/45 M 3/4
Ur 44/45 S 9
Ural, Fluss 44/45 T 6
Ural, Gebirge 44/45 U 3/4
Uralsk 44/45 T 5
Urbino 52/53 K 7
Urfa 60 E 2
Urgentsch 44/45 UV 7
Uri 52/53 F 4
Urmia 44/45 RS 8
Urmiasee 44/45 RS 8
Uruguay 62/63.1 G 7
Uşak 60 C 2
Usbekistan 62/63.1 MN 3/4
Uschgorod 51 M 4
Usedom 33 EF 1/2
Usedom-Oderhaff, Naturpark 40 E 1/2
Userin 14/15 GH 1
Useriner See 14/15 G 1
Üsküdar, Instanbul- 58/59 N 5
Ust-Urt 44/45 U 7
Ústi nad Labem 50 GH 3
Ustica 58/59 E 6
Uthhausen 18/19 B 3
Utrecht, Stadt 56 G 1
Utrera 57 D 2
Utsjoki 54 G 2
Uzsokerpass 50 M 4

V

Vaasa 54 F 3
Vác 58/59 H 2
Vadsö 54 GH 1
Vaduz 42/43 HJ 6
Váh 50 K 4
Valdepeñas 57 E 3
Valence 56 G 5
Valencia 57 FG 3
Valetta 58/59 F 8
Valga 54 G 4
Valjevo 58/59 H 3
Valladolid 57 D 2
Valli di Comacchio 52/53 JK 6
Valletta 42/43 JK 8
Van 60 F 2
Vancouver 62/63.1 C 3
Vänersee 44/45 L 4
Vansee 60 F 2
Var 52/53 D 7
Varangerfjord 54 GH 1/2
Varangerhalbinsel 54 GH 1
Varazdin 58/59 G 2
Varazze 52/53 F 6
Vardar 58/59 K 5
Varel 40 C 2
Varkaus 54 G 3
Värmland 54 D 4
Varna 58/59 MN 4
Vars 56 H 5
Västerås 54 E 4
Västervik 54 E 4
Vatikanstadt 42/43 J 7
Vatnajökull 44/45 E 3
Vättersee 54 D 4
Växjö 54 DE 4
Vechta 33 C 2
Vechte, Fluss 33 B 2
Vehlefanz 14/15 H 4
Vehlgast-Kümmernitz 14/15 C 3
Vehlow 14/15 C 2
Velevit 58/59 F 3
Veliko Tärnovo 58/59 LM 4
Velten 14/15 H 4
Veltlin 52/53 G 4
Vendée 56 D 4
Venedig 44/45 L 6
Venetien 52/53 JK 5
Venezia 58/59 E 2
Venezianer Alpen 52/53 JK 4/5
Venezuela 62/63.1 F 5
Venlo 33 B 3
Ventspils 54 F 4
Veransk 52/53 F 5
Verbania 52/53 F 5
Vercelli 52/53 F 5
Vercors 52/53 C 5/6
Verden 33 C 2
Verdon 52/53 C 7
Verdun 56 G 3
Vereinigte Arabische Emirate 62/63.1 M 4
Vereinigte Staaten (USA) 62/63.1 C-F 3/4
Verona 58/59 D 3
Versailles 56 EF 3
Vessertal, Biosphärenreservat 40 D 3
Vesterålinseln 54 DE 2
Vestfjord 44/45 L 2
Vestmannaeyjar 54 A 2
Vesuv 58/59 F 5
Vetschau/Spreewald (Wětošow/Błota) 18/19 H 3/4
Vézelay 52/53 A 3
Viana do Castelo 57 B 2
Viareggio 52/53 GH 7
Vicenza 58/59 D 3
Vichy 56 F 4
Vidin 58/59 K 3/4
Vielitz 14/15 H 3
Vielitzsee 14/15 H 3
Viereck 16/17 E 1
Vieritz 14/15 E 4
Vierlande 48 D 2
Vierlinden 16/17 F 5
Vierraden 16/17 F 3
Vierwaldstätter See 52/53 FG 3/4
Viesecke 14/15 D 2
Viesen 18/19 A 1

Vietmannsdorf 14/15 K 2
Vietnam 62/63.1 P 4/5
Vietnitz (Witnica) 16/17 FG 4
Vietznitz 14/15 F 4
Vigo 57 B 1
Viitasaari 54 FG 3
Vila Real 57 C 2
Vilhelmina 54 E 3
Villach 52/53 F 4
Villingen-Schwenningen 33 C 4
Vilnius 44/45 O 5
Vintschgau 52/53 HJ 4
Vinzelberg 14/15 B 4
Vipperow 14/15 F 1
Visby 54 E 4
Vissum 14/15 A 3
Viterbo 58/59 DE 4
Vitoria 57 E 1
Vittel 52/53 CD 2
Vjosë, Fluss 58/59 J 5
Vloré 58/59 H 5
Vltava 50 H 4
Vockerode 18/19 A 3
Vogelsang 16/17 G 7
Vogelsberg, Berg 33 C 3
Vogesen 33 B 4/5
Voiron 52/53 C 5
Völkermarkt 52/53 M 4
Völklingen 34 B 4
Volterra 52/53 H 7
Vorarlberg 52/53 G 3
Vorderrhein, Fluss 52/53 FG 4
Vorpommersche Boddenlandschaft 40 DE 1
Voss 57 C 3
Voßkanal 14/15 J 3
Vraca 58/59 K 4
Vŕbas, Fluss 52/53 P 6
Vrsac 58/59 J 3
Vulcano 58/59 F 6
Vulkaneifel, Naturpark 40 B 3
Vulkaninseln 62/63.1 R 4

W

Waadt 52/53 D 4
Waag 50 K 4
Waal, Fluss 56 G 2
Wachau 52/53 N 2
Wache Berge, Berg 18/19 A 2
Wachow 14/15 G 4
Wachtelberg, Berg 18/19 F 3
Wagenitz 16/17 F 4
Wahlsdorf 18/19 E 3
Wahrenberg 14/15 B 3
Waidhofen 52/53 M 3
Waitzen 58/59 H 2
Walachei 44/45 N 7
Walbrzych 50 J 3
Walddrehna 18/19 F 3
Waldenburg (Schlesien) 50 J 3
Waldkarpaten 50 LM 4
Waldow/Brand 18/19 F 2/3
Waldsieversdorf 16/17 E 5
Waldviertel 52/53 N 2
Wales 55 E 5
Walk 54 G 4
Wallis 52/53 E 4
Walliser Alpen 52/53 E 4/5
Wallitz 14/15 FG 2
Walsleben 14/15 F 3
Walsleben, Osterburg 14/15 C 3/4
Waltersdorf, Heideblick- 18/19 F 3
Waltersdorf, Schönefeld- 14/15 K 5
Wandlitz 14/15 JK 3/4
Wandlitzsee 14/15 J 3
Wansdorf 14/15 H 4
Warburg 33 C 3
Warburger Börde 48 C 3
Warchau 14/15 E 5
Warlin 16/17 B 1
Warlow 14/15 A 1
Warna 44/45 O 7
Warnau 14/15 D 3
Warnemünde 33 E 1
Warnitz, Oberuckersee- 16/17 D 3
Warnitz (Warnice) 16/17 G 4
Warschau (Polen) 44/45 N 5
Warta 50 H 2
Wartenburg 18/19 BC 3
Wartha 16/17 G 5
Warthe, Fluss 50 H 2
Warthe, Gemeinde 14/15 K 2
Martin 16/17 E 2
Wash, The 55 G 5
Washington (USA) 62/63.1 F 4
Wasjuganje 44/45 XY 4
Wasserkuppe, Berg 33 C 3
Waßmannsdorf 14/15 J 5
Waterford (Irland) 55 C 5
Watzkendorf 14/15 J 1
Weesow 14/15 KL 4
Wegendorf 14/15 K 4
Wehrhain 18/19 E 4
Weichensdorf 16/17 F 7
Weichsel, Fluss 44/45 N 5
Weimar 33 D 3
Weinberg, Berg 14/15 KL 1
Weinsberger Wald 52/53 MN 2
Weinviertel 52/53 O 2
Weisen 14/15 C 2
Weiße Elster, Fluss 33 E 3
Weiße Karpaten 52/53 P 2
Weißes Meer 44/45 QR 2
Weißkeißel (Wuskidź) 18/19 KL 5

Weißrussland 44/45 N-P 4/5
Weißwasser/O.L. (Běła Wóda) 18/19 K 5
Wellington (Neuseeland) 62/63.1 S 8
Wellmitz 16/17 G 7
Wels 33 F 4
Welse, Fluss 16/17 EF 3
Welsebruch 16/17 E 3
Welsickendorf 18/19 D 3
Welzow (Wjelcej) 18/19 H 4
Wendemark 14/15 C 3
Wendisch Priborn 14/15 E 1
Wendisch Rietz 16/17 DE 7
Wensickendorf 14/15 J 3/4
Wenzlow 18/19 A 1
Werbellin 14/15 K 3
Werbellinsee 14/15 K 3
Werben (Elbe) 14/15 CD 3
Werben (Wjerbno) 18/19 H 3
Werbig, Bad Belzig- 18/19 A 2
Werbig, Niederer Fläming- 18/19 D 3
Werbig, Seelow- 16/17 F 5
Werchow 18/19 G 4
Werder (Havel) 14/15 G 5
Werder, Märkisch Linden- 14/15 F 3
Werder, Rehfelde 16/17 D 5
Werenzhain 18/19 EF 4
Werneuchen 14/15 K 4
Wernigerode 33 D 3
Wernikow 14/15 E 2
Wernsdorf 14/15 K 5
Werra, Fluss 33 CD 3
Wesel 33 B 3
Wesenberg 14/15 G 1
Wesendahl 16/17 D 5
Wesendorf 14/15 J 3
Weser, Fluss 33 C 2/3
Weseram 14/15 F 5
Westalpen 58/59 BC 2/3
Westensee, Naturpark 40 C 1
Westerland 33 C 1
Westeuropäisches Becken 44/45 E-G 6
Westfriesische Inseln 56 GH 1
Westirian 62/63.1 QR 5/6
Westlicher Euphrat 60 EF 2
Westoder, Fluss 16/17 F 2
Westsibirisches Tiefland 44/45 W-Z 3/4
Wetzlar 33 C 3
Wexford 55 C 5
Weymouth 55 E 6
Wiborg 54 G 3
Wichmannsdorf 14/15 K 2
Wick 55 E 2
Wicklow Mountains 55 C 5
Wiederau 18/19 E 4
Wiednitz 18/19 H 5
Wien (Österreich) 44/45 M 6
Wiener Neustadt 52/53 NO 3
Wienerwald 52/53 NO 2
Wiepersdorf 18/19 E 3
Wiepke 14/15 A 4
Wiesbaden 33 C 3
Wiesenau 16/17 G 7
Wiesenaue 14/15 F 4
Wiesenburg/Mark 18/19 AB 2
Wiesengrund 18/19 K 4
Wiesenhagen 16/17 A 7
Wiesenufer (an der Wolga) 44/45 S 5
Wietkikenberg, Berg 18/19 C 1
Wietstock 16/17 B 6
Wight 55 F 6
Wildau 16/17 C 6
Wildberg 14/15 F 3
Wildenau 18/19 E 3
Wildenbruch, Michendorf- 16/17 A 6
Wildeshauser Geest, Naturpark 40 C 2
Wildgrube 18/19 E 4
Wildspitze, Berg 52/53 H 4
Wilhelmshaven 33 C 2
Wilhelmshorst 18/19 D 1
Wilmersdorf, Angermünde- 16/17 E 2
Wilmersdorf, Pritzwalk- 14/15 E 2
Willmersdorf, Werneuchen- 14/15 K 4
Wilna → Vilnius
Wilsickow 16/17 D 2
Wilsickow 16/17 D 2
Windau 54 F 4
Windhuk 62/63.1 K 6
Windsor 55 F 6
Winkel 18/19 E 4
Winnipeg 62/63.1 E 3
Winniza 44/45 OP 6
Winterberg, Stadt (Sauerland) 34 C 3
Winterthur 33 C 4
Wische 14/15 C 3
Wisła 50 K 2
Wismar 33 D 2
Witebsk 44/45 P 4
Wittbrietzen 16/17 CD 2
Wittenberge 14/15 B 2
Wittenmoor 14/15 BC 4
Wittichenau (Kulow) 18/19 HJ 5
Wittmannsdorf-Bückchen (Witanojce-Bukowka) 16/17 DE 7
Wittstock/Dosse 14/15 EF 2
Wjatka 44/45 S 4
Wladikawkas 44/45 RS 7
Wladimir 44/45 QR 4
Wladiwostok 62/63.1 Q 3
Włocławek 50 K 2
Woblitzsee 14/15 H 1
Wojwodina 58/59 HJ 3
Wokuhl-Dabelow 14/15 H 1
Woldegk 14/15 K 1
Wolfsberg, Stadt 52/53 M 4
Wolfsburg 33 D 2
Wolfshagen (bei Pritzwalk) 14/15 CD 2

Wolfshagen (bei Woldegk) 16/17 C 2
Wolfshain (Šisej) 18/19 K 4
Wolfsruh 14/15 H 2
Wolga, Fluss 44/45 Q 4
Wolgograd 44/45 R 6
Wolkenstein 40 E 3
Wolletzsee 16/17 D 3
Wollin, Insel 44/45 H 4
Wollin (bei Belzig) 18/19 AB 1
Wollin (bei Prenzlau) 16/17 E 2
Wollschow 16/17 E 2
Wologda 44/45 QR 4
Wolos 58/59 K 6
Wolschski 44/45 RS 6
Wölsickendorf-Wollenberg 16/17 D 4/5
Wolsier 16/17 E 4
Woltersdorf (bei Berlin) 14/15 KL 5
Woltersdorf, Casekow- 16/17 E 3
Woltersdorf, Nuthe-Urstromtal- 16/17 A 7
Wolverhampton 55 E 5
Wolynien 44/45 O 5
Wolzig 16/17 D 6
Wolziger See 16/17 D 6
Wootz 14/15 A 2
Wörlitz 18/19 C 4
Wörlitz, Oranienbaum- 18/19 A 3
Wormlage (Wormlag) 18/19 G 4
Woronesch 44/45 QR 5
Woroschilowgrad → Lugansk
Wörpen 18/19 B 3
Wörther See 52/53 M 4
Wosnessensk 58/59 OP 2
Woterfitzsee 14/15 G 1
Wrechow (Orzechów) 16/17 FF 4
Wredenhagen 14/15 F 1
Wriezen 16/17 E 5
Wrocław 50 J 3
Wulfersdorf 14/15 E 2
Wulkau 14/15 D 3
Wulkenzin 16/17 A 1
Wülknitz 18/19 E 5
Wulkow, Lebus- 16/17 F 6
Wulkow, Neuhardenberg- 16/17 E 5
Wulkow, Neuruppin- 14/15 G 3
Wünsdorf 16/17 C 7
Wuppertal 33 B 3
Würgassen 34 C 3
Würzburg 33 C 4
Wust 14/15 F 5
Wust-Fischbeck 14/15 D 4
Wusterhausen/Dosse 14/15 EF 3
Wustermark 14/15 G 4
Wustermarke 18/19 F 3
Wusterwitz 14/15 E 5
Wustrau-Altfriesack 14/15 G 3
Wustrow 14/15 G 2
Wuthenow 14/15 G 3
Wutike 14/15 E 2
Wye, Fluss 55 E 5/6
Wytschegda 44/45 T 3

X

Xanthi 58/59 L 5

Y

Ybbs, Fluss 52/53 M 3
Yecla 57 F 3
Yeşilırmak 60 E 1
Yonne, Fluss 52/53 A 2
York, Stadt (Großbritannien) 55 F 5
Yozgat 60 DE 2

Z

Zaatzke 14/15 E 2
Zabakuck 14/15 D 5
Zabelsdorf 14/15 HJ 2
Zabeltitz 18/19 E 5
Zachow 14/15 G 5
Zäckerick (Siekierki) 16/17 F 4
Zadar 58/59 F 3
Zafra 57 C 3
Zagreb 44/45 M 6
Zagrosgebirge 44/45 ST 8/9
Zagwan 58/59 D 7
Zahna-Elster 18/19 C 3
Zajećar 58/59 JK 4
Zakopane 50 KL 4
Zala, Fluss 52/53 P 4
Zalaegerszeg 52/53 O 4
Zambrów 51 M 2
Zamora 57 D 2
Záncara, Fluss 57 E 3
Zaragoza 44/45 HJ 7
Zard-Kuh 44/45 T 9
Záruby 52/53 P 2
Zauche 18/19 BC 1/2
Zauchwitz 18/19 D 2
Zechin 16/17 FG 5
Zechlinerhütte 14/15 G 2
Zeckerin 18/19 F 4
Zeesen 16/17 C 6
Zeestow 14/15 G 4
Zehden (Cedynia) 16/17 EF 4
Zehdenick 14/15 J 3
Zehlendorf 14/15 J 3
Zehrental 14/15 B 3
Zeischa 18/19 E 4
Zell am See 33 E 5
Zellendorf 18/19 D 3
Zellin (Czelin) 16/17 F 5
Zenica 58/59 G 3
Zentralafrikanische Republik 62/63.1 KL 5
Zentralmassiv 44/45 J 6/7

Zepernick 14/15 K 4
Zepkow 14/15 F 1
Zermatt 52/53 E 4
Zermützelsee 14/15 G 2
Zernikow 14/15 H 2
Zernitz-Lohm 14/15 E 3
Zernsdorf 16/17 C 6
Zerpenschleuse 14/15 K 3
Zerrenthin 16/17 E 1
Zeschdorf 16/17 F 6
Zeuthen 14/15 K 5
Zichow 16/17 E 3
Ziebingen (Cybinka) 16/17 GH 7
Ziegendorf 14/15 C 1
Zielona Góra 50 HJ 3
Ziemendorf 14/15 AB 3
Zierker See 14/15 H 1
Zierzow 14/15 C 1
Ziesar 18/19 A 1
Ziethen 16/17 D 4
Zillertaler Alpen 52/53 JK 3
Ziltendorf 16/17 G 7
Zimljanskar Stausee 44/45 RS 6
Zinna 18/19 C 4
Zinndorf 16/17 D 6
Zinnitz 18/19 G 3
Zitz 18/19 A 1
Zlín 50 JK 3
Znaim 52/53 O 3
Znojmo 52/53 O 2
Zobersdorf 18/19 E 4
Zollchow 14/15 F 2
Zonguldak 60 D 1
Zootzen, Friesack- 14/15 F 3
Zootzen, Fürstenberg- 14/15 H 2
Zorndorf (Sarbinowo) 16/17 G 5
Zörnigall 18/19 BC 3
Zossen 16/17 BC 7
Zrenjanin 58/59 J 3
Zschornewitz 18/19 A 4
Zug 52/53 F 3
Zugspitze, Berg 33 D 5
Zühlen 14/15 G 3
Zühlsdorf 14/15 J 4
Zülichendorf 18/19 CD 2
Züllsdorf 18/19 D 4
Zürich, Stadt 44/45 K 6
Zürichsee 52/53 F 3
Züsedom 16/17 DE 2
Zützen, Goßen- 18/19 F 3
Zützen, Schwedt- 16/17 F 3
Zweites Baku 46/47 T 5
Zwolle 33 B 2
Zypern, Staat 60 D 2
Żyrardów 50 KL 2